공부하듯
주식해서
보화찾기

스무살 케빈쌤은 어떻게 2천만원으로
1억을 만들었을까

공부하듯
주식해서
보화찾기

허정욱 지음

예미

　머리말을 쓰는 지금, 한국 주식시장은 '어떻게 이럴 수 있지?' 싶을 정도로 속절없이 떨어지는 중입니다. 한국 시장의 여러 고질적인 문제점에 대한 비판과 함께 한국 시장을 떠나 미국 시장으로 넘어가는 분들도 많습니다. 이런 상황에서 '보화와 같은 기업'을 찾는 책을 내는 것이 약간은 뻘쭘하기도 하고, 한편으로는 조금 더 시장이 회복할 때까지 출판을 미룰까 하는 생각도 듭니다. 하지만 이럴 때일수록 주식시장에서 오랜 기간 나름의 성공을 하고 그 성공의 메시지를 전달하는 강사로서 더욱 굳건하고 당당하게 독자분들께 건강한 투자철학을 전해야겠다는 기도를 합니다.

　저는 여러분이 투자를 그냥 돈 따는 놀이 정도로 생각하지 않으셨으면 좋겠습니다. 주식투자는 세상의 넓고도 넓은 밭에서 숨겨져 있는 보화를 찾아내어 그 잠재력을 믿고 기다리는 과정입니다. 그리고 여러분이 하셔야 하는 건 일확천금을 꿈꾸기보다는 보화가 숨겨진 밭을 일구는 것입니다. 동의하지 않으시는 분들도 계실 듯합니다. 기업의 잠재력에 투자해서 기다리는 것이 고된 인내의 시간처럼 느껴지기도 하고, 그렇게 기다렸다가 결국 본전도 못 건지면 어떡하지 하는 생각도 드실 수 있습니다. 그렇게 느끼신다면 제 이야기 한번 들어 보시지 않겠습니까?

저도 처음부터 잘하지는 않았습니다. 스무 살에 우연히 할아버지께서 예전에 만들어 주셨던 증권계좌가 떠올라서 시작했습니다. 부끄럽지만 경제학과 학생임에도 불구하고 저는 주식은 무조건 돈놀이라고만 생각했습니다. 차트와 거래량만 보면서 어떻게 하면 화면 저편에 있는 상대를 이길 수 있을지만 생각했습니다. 돌이켜보면 그런 무책임한 투자를 하면서 대학생이 감당할 수 있는 돈 이상으로 많은 손실을 감내해야 했습니다. 갖은 시행착오와 공부가 쌓이고 정리되고 나서야 계좌도 플러스로 돌아서기 시작했고, 어느덧 제가 찾은 보화(기업)들이 큰 수익을 가져다주고 있었습니다. 억지로 이기려 할 때는 이겨지지 않던 시장이 숨은 가치를 찾으려 했더니 이겨지더군요.

제가 시장의 숨은 보화를 찾았던 비결은 다음과 같습니다. 첫째, 주식을 주식이 아닌 기업으로 보았습니다. 둘째, 재무제표의 숫자에 숨겨진 경영진의 의도와 전략을 보았습니다. 셋째, 사업구조가 고객에게 진정한 효용을 주는지 고민했습니다. 넷째, 시장을 그대로 따라가기보다는 시장이 하고 있는 오해를 찾으려 했습니다.

아주 가볍게 제게 큰 수익을 가져다준 기업 중 하나를 소개하면서 이 책을 통해 전달하고자 하는 투자원칙을 소개하려 합니다. 무려 5년째 동행하고 있는 기업, 인탑스입니다. 지금까지 네 번의 큰 매도가 있었고, 적게는 32%, 많게는 100%가 넘는 수익률을 기록했습니다.

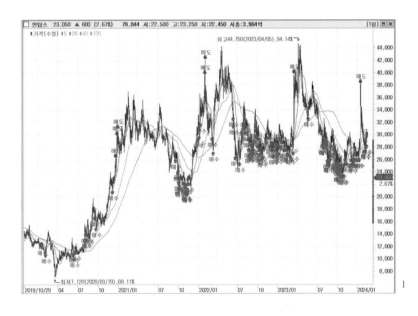

....

ㅣ   Kevinvestment 삼성증권 계좌 스크린샷

매매일	종목명	매수평균가	매도평균	수익률
2020/12/21	인탑스	14,796	25,250	68.88%
2020/12/28	인탑스	14,796	28,150	88.35%
2020/12/30	인탑스	14,797	30,350	103.14%
2022/01/28	인탑스	25,074	39,000	53.91%
2022/02/03	인탑스	25,074	41,500	63.81%
2023/03/17	인탑스	28,617	38,000	31.72%
2024/01/16	인탑스	27,809	38,050	35.79%

이 기업은 플라스틱 사출성형 기술로 삼성전자의 스마트폰 케이스를 제조하여 성장했습니다. 삼성전자 스마트폰의 플래그십 모델을 제외하면 대부분 인탑스가 제조합니다. 이렇게만 보면 딱히 매력적이지는 않은 회사입니다. 스마트폰은 이미 성숙기에 접어들어 더 이상 큰 성장을 바라기 어려운 산업이고, 더구나 인탑스의 실적은 삼성전자의 스마트폰 정책에 완전히 의존하기 때문에 독자적인 성장을 기대하기는 어려워 보입니다. 하지만 저는 이 기업의 재무제표와 사업모델을 분석하면서 용기를 내 투자할 수 있었습니다.

영업자산이익률은 주어진 영업자산을 통해 얼마만큼의 영업이익을 창출하는지를 계산한 지표입니다.[2] 영업자산이익률이 높을수록 기업의 효율성과 경쟁력이 높다고 해석합니다. 인탑스는 보통 20% 중반대, 때로는 30%가 넘는 영업자산이익률을 기록합니다. 영업에 필요한 공장, 재고, 채권 등 자산이 100억이라면, 매년 20억 대의 영업이익을 창출하고 있는 셈입니다. 경험상 한국 기업은 평

....

2 영업자산이익률(%) = 영업이익 / 평균영업자산

균 10%대 초반의 영업자산이익률을 기록한다는 것을 고려하면, 마음만 먹으면 언제든지 다음 성장궤도를 밟을 여유와 경쟁력을 갖춘 기업이라고 할 수 있습니다.

또 다른 매력은 매우 짧은 현금전환주기입니다.[3] 사장님의 입장으로 가 볼까요? 필연적으로 장사는 지출이 먼저 이루어지고 회수가 나중에 되는 구조를 갖고 있습니다. 그러다 보니 경영진은 회사가 선지출한 자금이 언제 이익으로 돌아올지, 혹여 못 돌아오는 것은 아닐지 불안해합니다. 제가 컨설팅하는 대부분의 대표님, 임원분들의 공통점입니다. 이렇게 경영진이 손가락 빨면서 현금이 회수되기를 기다려야 하는 기간을 "현금전환주기"라 합니다. 이 주기는 짧을수록 좋겠죠? 보통 이 기간이 60일 안쪽으로만 떨어져도 현금회전이 충분히 좋은 기업이라 합니다. 인탑스의 현금전환주기는 20일 미만입니다. 지출된 현금이 회수될 때까지 3주가 채 걸리지 않는다는 뜻입니다. 현금 여유가 생기니 기업이 경영전략을 짜기도 훨씬 수월하겠죠.

제품별 매출비중 변화는 인탑스의 성장성을 잘 보여 줍니다. 과거 인탑스의 전체 실적에서 스마트폰 케이스가 차지하는 비중은 70%가 넘었습니다. 하지만 코로나 기간 신사업으로 SD바이오센서 진단키트 제작을 담당하면서 스마트폰 케이스 비중은 50%대로

---

3   현금전환주기 = 매출채권회전기간 + 재고자산회전기간 - 매입채무회전기간
    *매출채권회전기간=365/(매출/매출채권), 재고자산회전기간=365/(매출원가/재고자산), 매입채무회전기간=365/(원재료매입액/매입채무)

감소합니다. 이후 진단키트 비중이 빠졌지만 기타 신사업의 비중이 천천히 올라오면서 케이스 비중은 줄어드는 추세입니다. 저는 연도별로 인탑스의 제품별 매출비중을 추적하면서 이 기업의 신사업을 향한 의지를 계속 확인해 왔습니다.

이러한 재무제표 차원의 강점을 바탕으로 인탑스는 다음의 성장성을 끌어냅니다. 첫째, 삼성전자와의 신사업 확장 연계입니다. 삼성전자는 웨어러블 기기 생산이나 향후 생산할 로봇의 샘플제조 등을 인탑스에 맡기고 있고, 이는 인탑스의 사출성형 기술이 그만큼 경쟁력 있다는 것을 방증합니다.

둘째, 자체적인 사업 확장입니다. 인탑스도 스마트폰 케이스만으로는 성장할 수 없다는 것을 잘 알고 있습니다. 그래서 추진하는 것이 EMS라는 신사업입니다. EMS는 전자장비, 전자제품을 부품조달부터 생산, 조립, AS까지 외주를 받아 대신 해주는 사업[4]을 의미하는데, 여러분이 식당에서 보실 수 있는 서빙로봇이 바로 미국의 베어로보틱스와 인탑스가 공동으로 개발, 제조한 제품입니다.

셋째, 투자 자회사를 통한 성장발판 마련입니다. 인탑스는 자회사 '인탑스 인베스트먼트'를 통해 기술적 잠재력이 있는 스타트업에 투자합니다. 이들의 잠재력이 입증되면 인탑스가 이들 제품의

....

[4]   대표적인 기업으로 대만의 'Foxconn'이 있음.

대량생산을 담당하면서 수익을 창출하는 동시에 지분가치 차원에서의 투자수익도 누리고 있습니다.

이렇게 인탑스는 제게 '정말이지 안 사고 못 배기는 기업'이 되었으며, 매 분기 적정주가를 세밀하게 예측해 시장을 이기는 투자를 할 수 있었습니다. 이것이 제가 '숨은 보화와 같은 기업'을 찾는 방법입니다.

여러분이 이 책을 통해 위에서 소개한 인사이트, 시장과 기업을 꿰뚫어보는 힘을 충분히 가져가실 수 있다고 확신합니다. 앞으로 다음 4장을 통해 경제적 자유로 나아가고자 합니다.

I. 기업을 이겨라: 재무제표 분석

투자자는 기업에 휘둘리는 것이 아니라 기업을 여유롭게 내려다볼 수 있어야 합니다. 이를 위해 필요한 것이 재무제표 분석이고, 재무제표를 통해 경영진의 의도와 기업의 방향성을 읽어 낼 수 있습니다.

II. 경쟁사를 이겨라: 비즈니스모델 분석

위대한 기업은 끊임없이 경쟁사와의 격차를 벌립니다. 우리는 경제적 해자를 가진 기업에 투자해야 합니다. 기업이 보다 효율적이고 고부가가치의 구조를 갖추고 있는지 비즈니스모델 분석을 통해 살펴보겠습니다.

III. 시장을 이겨라: 적정주가 분석

여러분이 주식투자에 실패하는 이유는 시장에 휘둘리기 때문입니다. 시장은 때로는 낮은 가격을, 때로는 높은 가격을 제시합니다. 줏대가 없는 투자자는 매일 움직이는 가격에 휘둘릴 수밖에 없습니다. 시장의 오해를 꿰뚫어볼 수 있어야 하며, 이를 위해 기업의 적정주가를 계산할 수 있어야 합니다. 실제 자산운용사, 투자은행에서 활용하는 핵심적인 기업 가치평가 모델을 쉽게 배워보겠습니다.

IV. 시간을 이겨라: Kevmetrics

투자 공부가 불필요하게 길어지면 안 됩니다. 여러분의 시간을 절약해 드리기 위해 많고 많은 지표 중에서도 여러분이 꼭 가져가셔야 하는 핵심 지표를 따로 정리했습니다.

각 파트별로 "욕심내기" 편을 통해 더욱 깊은 수준의 분석을 하고 싶은 분들을 위한 심화 내용을 정리해 두었습니다. 난이도 조절 차원에서 본문에는 직접 싣기 어렵지만 여러분이 이 책을 발판 삼아 투자 공부를 본격적으로 시작했을 때 꼭 이해하셨으면 하는 내용들입니다. 아직 투자와 친해져야 하는 주린이분들께서는 처음에는 건너뛰어서도 됩니다.

　나아가 장 끝에 "쉬어 가기" 편을 두어 여러분이 투자를 건강하게, 맘 편하게, 오래 하기 위해 꼭 가져가셔야 하는 태도, 케빈쌤의 메시지를 담았습니다. 시간과 노력을 들여 공부하고도 투자에 실패하는 이유는 자기 자신에게 지기 때문입니다. 아무리 기업을 분석하고 적정주가를 계산해도 눈앞에서 흔들리는 호가창을 보면 마음이 술렁입니다. 격변하는 시장 속에서 여러분 스스로를 지키고, 흔들리는 마음을 이기기 위해 필요한 격언이라 생각해 주시면 감사하겠습니다.

　한편으로 '결국 회계를 공부하기 위한 책 아니냐' 오해하시는 분들이 계실지도 모릅니다. 하지만 단언컨대 제가 이 책을 써 내려가면서 회계를 직접적으로 이야기하지는 않을 겁니다. 회계는 재무제표를 작성하는 기술입니다. 우리가 해야 할 일은 재무제표를 읽어 내는 일이며, 경영자의 시선으로 기업을 바라보는 것입니다.

　9년간의 공부를 줄이고 줄여 엑기스만 추렸습니다. 연평균 22%, 누적 308% 수익을 달성한 저는 너무나 평범했던 주린이였습니다. 제가 겪어야 했던 9년, 여러분은 책 한 권으로 갈무리할 수 있기를 응원합니다.

2024년 11월, 허정욱

목차

I. 기업을 이겨라 – 재무제표 분석

II. 경쟁사를 이겨라 - 비즈니스모델 분석

III. 시장을 이겨라 - 적정주가 분석

IV. 시간을 이겨라 - Kevmetrics

들어가며
- 이렇게 투자하셔야 합니다

2년 전쯤이었습니다. 한 고객이 문의를 주셨습니다. 보통은 '주식이 처음인데 가능할까요?' '개인레슨만 받으시나요?' 등의 질문이 들어오는데 이 고객님의 첫마디는 "긴밀한 사정이 있습니다. 상담이 가능할까요?"였습니다.

당시 만 47세였던 방씨 아저씨는 사모님 몰래 모아 둔 2억이라는 현금으로 카카오에 투자했습니다. 2021년 4월, 힘찬 마음을 품고 20만 카카오를 외치며 평단 12만 원에 2억 원어치 주식을 한 번에 매수했습니다. 두세 달 동안은 느낌이 좋았습니다. 주가가 16만 원을 넘어 20만 원을 목전에 두고 있었기 때문입니다. 하지만 이후 시장이 꺾이며 주가는 11만 원까지 조정받았습니다. 이때까지만 해도 방씨 아저씨의 마음은 편안했습니다. "시장이 꺾이는데 별수 있나, 건전한 조정이야." 주가는 곧 12만 원대로 슬쩍 반등했습니다. "역시 카카오야. 조정 없이 가는 주식은 없다 했어."

2022년 초, 카카오는 8만 원 중반대로 떨어집니다. 갑작스러운 하락에 어떻게 대응할 수도 없었습니다. 약 30% 손실이었고, 유튜브에서 배운 바로는 진작에 손절이 나갔어야 했습니다. 하지만 방씨 아저씨는 손절할 수 없었습니다. 아저씨에게 카카오는 '건전한 조정'을 거치는 중이었거든요.

그렇게 전전긍긍하던 방씨 아저씨는 '22년 7월, 75,000원에 카카오를 전량 매도합니다. 40%에 가까운 손실이었습니다. 자그마치 8천만 원이라는 큰돈이 사라졌습니다. 어디 하소연할 데도 없고, 복구는 해야 되겠고, 누구한테 맡긴다 해서 당장 40%의 손실을 메꿔 주기를 바랄 수도 없고, 투자를 배울 수는 없을까 해서 찾다 찾다 제게까지 연락이 닿은 상황이었습니다.

방씨 아저씨는 아직도 매주 한 번씩 저와 스터디를 하고 계십니다. 제가 준비한 모든 강의 내용을 전달드리기까지는 6개월 정도의 시간이 걸렸습니다. 이후에는 계속해서 시장의 이슈와 동향을 다루고, 개별 기업을 함께 스터디하며 투자에 대한 인사이트를 나누고 계십니다.

방씨 아저씨의 계좌는 빠르게 회복되었습니다. '23년 초, 함께 분석했던 한미반도체가 글을 쓰는 지금까지 8배에 육박하는 수익을

들어가며

가져다준 것이 가장 큰 원인입니다. 당시 한미반도체가 좋은 기업임에도 보수적인 시각을 가진 저는 투자하지 않기로 결정했고, 방씨 아저씨는 용기를 내며 투자하셨습니다. 아이러니하게도 방씨 아저씨의 2023, 2024 수익률은 저보다 훨씬 높습니다.

방씨 아저씨가 시장을 월등히 앞지를 수 있게 된 것은 세 가지 원칙을 꼭 지키셨기 때문입니다.

첫째, 기업을 **경영자의 시선**으로 바라보았습니다. 한미반도체는 반도체 장비 국산화의 트렌드를 애초부터 따라가던 기업이었고, MSVP, EMI Shield 등 다양한 장비를 뛰어난 기술력을 바탕으로 주요 반도체 고객사에 안정적으로 납품하는 회사였습니다. 특히, TC본더는 현재 AI 반도체의 핵심으로 자리 잡고 있는 HBM 및 AI 가속기의 제조 공정에 필수적인 장비로, 방씨 아저씨의 700% 수익률을 실현시킨 장본인이기도 합니다. 사실 저와 스터디할 때에는 TC본더가 이토록 중요해질 것이라고는 둘 다 생각하지 않았습니다. 다만 방씨 아저씨는 곽동신 부회장이 표방하는 한미반도체의 장기적 방향성에 집중하셨습니다.

둘째, 방씨 아저씨는 기업을 추상적으로 보는 데에만 그치지 않았습니다. 수많은 연습을 통해 기업의 가치를 정량화하는 연습을 하셨습니다. 기업을 '**숫자로 바라보는 훈련**'을 하셨던 것이죠. 남들이 예측하지 못하는 실적의 상승세를 예측할 수 있었고, 이는 방씨 아저씨가 한미반도체를 두고 용기를 낼 수 있는 근거가 되었습니다.

셋째, 방씨 아저씨는 한미반도체를 1년 반이 지나서야 매도했습니다. 1년 반 동안 한미반도체는 그저 상승하기만 하지 않았습니다. 조정을 받으며 주가가 횡보하는 기간도 있었고, 어떤 날은 난데없이 10%에 가까운 조정을 받기도 했습니다. 방씨 아저씨는 카카오로 인한 트라우마를 갖고 계신 분입니다. 저는 매주 그분의 기업에 대한 믿음도 보았지만, 그 이면에 항상 갖고 계시는 두려움과 불안함도 보았습니다. 하지만 방씨 아저씨는 **기다렸습니다. 버티고, 인내했습니다.** 자기수련이야말로 방씨 아저씨의 최종 수익률을 만들어 준 피날레라고 생각합니다.

당신의 이야기를 책에 담을 수 있게 허락해 주신 방씨 아저씨께 감사의 말씀 남기며 소망합니다. 저는 우리나라에 수백, 수천 명의 방씨 아저씨가 앞으로 계속 생길 것이라 믿습니다.

주식투자를 성공적으로 하기 위해서 엄청나게 특별한 기술과 정보가 필요하다고 생각하실지 모릅니다. 선택받은 소수만이 경제적 자유를 누릴 수 있다고 생각하실 수도 있겠습니다. 하지만 수백 명에게 강의를 해 보니, 수많은 자산가들을 만나 보니, 꼭 그렇지도 않다는 생각을 하게 됩니다.

"꾸준히 이기는 투자자"가 되기 위해 필히 다섯 가지만 이겨 보세요. 여러분이 투자할 기업, 그 기업의 경쟁사, 주식시장, 시간, 그리고 여러분 스스로가 그 다섯 가지입니다. 앞의 네 가지 요소는 별도 장으로 정리하였으며, 마지막 요소는 각 장의 "쉬어 가기" 편을 통해 정리하였습니다.

● 기업을 이기는 방법은 재무제표를 읽어 내는 것에서 출발합니다. 우리는 지금부터 정말 쉽게 재무제표를 해석하는 방법을 배울 것입니다. 회계사가 되기 위해 거쳐야 하는 지난한 과정이 아니라, 사장님의 시선으로 기업의 숫자를 꿰뚫어보는 훈련을 할 겁니다.

● 경쟁사를 이기는 방법은 단단한 경제적 해자를 구축하는 데에서 출발합니다. 경제적 해자의 배경에는 매력적인 비즈니스모델이 있죠. 기업이 좁혀지지 않는 초격차를 갖고 있는지 비즈니스모델의 아홉 가지 요소를 통해 정리하겠습니다.

● 시장을 이기는 것은 시장의 오해와 왜곡을 인지하는 것에서 출발합니다. 전통적인 경제학은 시장이 언제나 효율적인 배분 상태에 있다고 말합니다. 이를 효율적 시장 가설이라 부르죠. 하지만 제가 투자를 해보니, 비록 경제학과 출신이지만, 이 가설은 명백히 틀렸습니다. 시장은 언제나, 매일 조금씩 틀려 있습니다. 물론 장기적으로는 올바른 수준으로 회귀할 겁니다. 하지만 오늘 여러분이 보시는 주가, 시장이 결정한 그 주가는 일정 부분

왜곡되어 있을 겁니다. 우리는 적정주가를 분석함으로써 이 왜곡을 꿰뚫어볼 겁니다. 기업의 적정주가를 파악하는 수많은 모델이 있지만, 저는 여러분께 시장이 가장 많이 활용하는 딱 세 가지 모델을 간추려 전달드리고자 합니다.

● 시간을 들여 투자를 배웠다고 바로 수익률이 개선되지 않습니다. 공부는 실천으로 옮겨져야 합니다. 하지만 우리 모두 바쁜 사람들입니다. 각자의 본업을 희생시키면서까지 주식투자가 시간을 빼앗아 가면 안 됩니다. 시간을 이기기 위해서 우리는 기업 분석의 과정을 간추려야 합니다. 케빈쌤이 제시하는 네 가지 지표를 통해 여러분의 시간을 단축시켜 드리겠습니다.

● 투자의 마지막 단계는 나 스스로를 넘어서는 것입니다. 방씨 아저씨는 카카오에 투자했을 당시 스스로를 넘지 못했고, 한미반도체에 투자했을 당시에는 스스로를 다스렸습니다. 시장은 앞으로 매일 여러분을 방해하고 넘어뜨리려 할 것입니다. 시장의 휘몰아침으로부터 여러분을 지켜 줄 것은 여러분 자신입니다. 기나긴 수련에 마침표를 찍어 줄 저의 메시지로 이 책의 이야기를 마무리하고자 합니다.

I.

기업을 이겨라
- 재무제표 분석

대체 주식투자하는 데에 재무제표가 왜 필요할까요? 주식시장은 필연적으로 기업의 미래를 반영합니다. 찬란한 미래는 준비된 현재에서 나오고, 기업의 현재 준비상태는 재무제표를 통해 여실히 드러납니다.

　재무제표가 필요 없다는 분들의 상당수가 초창기에는 재무제표를 배워 보려 하셨을 겁니다. 하지만 너무 어려웠죠. 포기하고 주가를 예측할 다른 수단을 찾게 됩니다. 그렇게 그분들의 생각은 '재무제표가 너무 어려워서 못 하겠다'에서 '재무제표 없이도 투자할 수 있다'로 바뀝니다.

　재무제표 공부를 포기하게 되는 이유는 딱 하나입니다. **여러분이 재무제표를 회계로 바라보기 때문입니다.** 회계는 재무제표를 작성하는 지식이자 기술입니다. 투자자는 작성된 재무제표를 해석하는 사람이지, 재무제표를 만드는 사람이 아닙니다. 읽어야 할 사람이 만들고 있으니 투자가 될 리가 없습니다. 물론 여러분의 잘못이 아닙니다. 아직 아무도 이 사실을 가르쳐 주지 않았을 뿐입니다. 걱정 마시고 저와 함께 차근차근 재무제표를 읽어 보시죠.

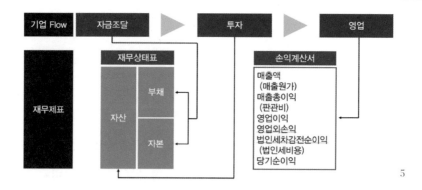

5

재무제표는 크게 네 가지 서식으로 이루어져 있습니다. 1)기업의 자금조달과 운용을 기록한 재무상태표, 2)기업의 실적과 부가가치 창출을 기록한 손익계산서, 3)장부상 숫자와 별개로 현금을 어떻게 벌고 어떻게 쓰고 있는지 기록한 현금흐름표, 그리고 4)자본의 세부변동내역을 기록한 자본변동표입니다. 이 책에서는 자본변

....

5   Kevinvestment 강의자료 일부 발췌

동표를 제외한 나머지 세 가지 서식을 분석하는 방법을 소개할 예정입니다만, 우선 재무상태표와 손익계산서를 통해 아주 간략하게 재무제표를 소개해 보겠습니다.

재무제표는 기업이 성장하는 과정을 그저 조금 딱딱한 용어로 정리해 둔 서식에 불과합니다. **핵심은 기업의 성장과정을 이해하는 것**입니다. 지금부터 우리 함께 치킨집을 창업해 봅시다.

때때로 페이스북이나 인스타그램에 '단돈 50만 원으로 사업 성공하기'와 같은 광고를 보게 됩니다. 모두 거짓말입니다. 안타깝지만 모든 사업에는 자금이 필요하고, 잔인하게도 초기자금이 많을수록 성장도 쉽습니다. 사업의 첫 번째 단계는 바로 **자금조달**입니다.

치킨집을 차리는 데에 약 1억 5천만 원이 필요하다고 합니다. 여러분의 지갑에는 현금이 1억 있습니다. 아이고, 5천만 원이 부족합니다. 어떻게 하죠? 그렇죠. 은행에 가서 대출을 받습니다. 그렇게 여러분은 1억 5천만 원을 마련합니다.

이 세상의 모든 돈은 딱 두 가지 종류로 구분할 수 있습니다. '내 돈'과 '남의 돈'입니다. 여러분은 '내 돈' 1억 원과 '남의 돈' 5천만 원을 갖고 사업을 시작합니다. '내 돈'은 재무상태표의 "자본"에 기재됩니다. '남의 돈'은 재무상태표의 "부채"에 기재됩니다. 애써 더 깊게 들어가서 고민할 필요 없습니다. **여러분은 "내 돈(자본)"과 "남의 돈(부채)"을 적절히 조합하여 사업자금을 '조달'한 것입니다.**

	"은행 돈" 5000만원
	"내 돈" 1억

1억 5천을 마련했습니다. 이제 뭘 할까요? 일단 임대를 알아봐야 겠죠. 목 좋은 곳에 임대차계약을 체결하고, 생닭과 튀김가루도 사 야 할 거고, 튀김기도 사야 합니다. 홀장사를 할 거면 테이블과 의 자도 사야겠네요. 이 모든 과정이 여러분이 치킨 장사를 하기 위해 필요한 준비과정입니다.

우리는 이를 '기업의 투자'라고 부릅니다. 우리가 하는 주식투자 와는 사뭇 다른 개념입니다. **기업이 사업을 하기 위해 준비하는 모 든 과정**을 "투자"라고 한다는 것만 기억하세요.

생닭 튀김기 튀김가루 테이블/의자 임대한 자리 …	"은행 돈" 5000만원
	"내 돈" 1억

기업의 투자내역은 모두 재무상태표의 "자산"에 기록됩니다.[6] 막바로 자산의 디테일한 항목을 외울 필요 없습니다. 위 문단에서 정리한 내역이 자산에 숫자로 기록되어 있다는 것만 기억하세요.

자, 장사할 준비가 모두 끝났습니다. 이제 뭘 할까요? 그렇죠, 닭을 팔아야죠. 바라건대 여러분은 치킨을 팔아서 이익을 남길 겁니다. 장사해서 얼마를 벌었고 잃었는지를 우리는 "손익계산서"에 기록할 겁니다. 가볍게만 살펴보죠.

매출	닭 얼마나 팔았어?
매출원가&판관비	얼마 썼어?
영업이익	닭 팔아서 얼마 남았어?
영업외수익	탕후루(부업) 팔아서 남은 돈
세전이익	닭 판 돈 + 탕후루 판 돈
법인세	세금 내셔야죠!
당기순이익	진짜 사장님 것

매출액. '닭을 얼마나 팔았니?'에 대한 대답입니다. 하지만 닭을 많이 팔았다고 돈을 많이 번 건 아닐 겁니다. 이익이 남아야죠. 여러분이 치킨을 팔기 위해 투입한 비용은 각각 '매출원가', 혹은 '판매비와 관리비'에 들어가 있을 겁니다. 지금으로서 여러분께 매출

---

6   알바도 뽑아야 하겠지만, 알바는 사람이기 때문에 자산으로 잡을 수 없습니다. (^^)

원가와 판관비의 구분은 중요하지 않습니다. 이 둘을 합쳐 그냥 **"영업비용", 장사하는 데에 들어간 비용**이라고 생각하세요. 매출에서 영업비용을 빼면 치킨 팔아서 남은 돈, "영업이익"이 나옵니다.

치킨집이라고 해서 꼭 치킨만 팔라는 법은 없습니다. 공교롭게도 여러분이 임차 들어간 곳이 초등학교 앞이라고 해보죠. 치킨은 저녁장사입니다. 초등학생들은 2~3시쯤 하교합니다. 여기서 여러분은 이런 아이디어를 떠올립니다. '내가 조금만 부지런히 나와서 초등학생들에게 장사를 해볼 수는 없을까? 초등학생들이 뭘 좋아하지? 아! 요즘 탕후루가 유명하다면서?' 가게 앞에 탕후루 기계를 두고 탕후루를 팔면서 추가 수익을 창출합니다.

치킨은 본업, 탕후루는 부업입니다. 본업을 통해 벌어들인 이익은 영업이익에 들어가지만, 부업으로부터의 이익은 영업외수익으로 들어갑니다. 이 둘을 합쳐서 "세전이익"이라고 합니다.

치킨과 탕후루를 팔아서 번 돈을 전부 다 내가 가져갈 수 있으면 얼마나 좋을까요? 하지만 법은 그리 호락호락하지 않습니다. 정부가 여러분의 이익에서 세금을 가져갑니다. 여러분이 소득세를 내는 것처럼 기업은 법인세를 냅니다.

세전이익에서 법인세를 내고 나면 올해 장사를 통해 최종적으로 남긴 최종 순이익, "당기순이익"이 남습니다. 당기순이익은 남의 돈인가요, 내 돈인가요? 내 돈입니다. 그럼 이 돈은 부채로 흘러 들어가야 할까요, 자본으로 흘러 들어가야 할까요? 네, 자본입니다.

자본의 사이즈가 순이익만큼 늘어납니다.

생닭	"은행 돈"	매출
튀김기	5000만원	매출원가&판관비
튀김가루		영업이익
테이블/의자		영업외수익
임대한 자리	"내 돈"	세전이익
	1억	법인세
+ 벌어들인 현금	+ 누적된 순이익 ◀	당기순이익

　올해 치킨 장사가 대박이 났다고 합시다. 이 돈으로 뭘 하시겠습니까? 가장 사업가적인 진취성을 가진 분이라면 2호점을 낸다고 하실 겁니다. 어떤 분은 튀김기계 등 설비를 업그레이드하시겠죠. 가장 보수적인 분들은 빚부터 갚을 생각을 할 겁니다. 이렇게 사업체가 벌어들인 돈은 그다음 해 영업을 위해 "재투자"됩니다. 재투자된 내역은 다시금 자산에 기록될 것이고요. 여러분의 전략이 맞았다면, 다음 해에 더 많은 매출과 영업이익, 그리고 순이익을 낼 겁니다.

기업은 이렇게 성장합니다. 조달된 자금이 투자되고, 영업을 통해 부가가치가 창출되면, 이 부가가치는 기업의 자산에 재투자되고, 더 큰 규모의 영업활동으로 이어집니다. 이 사이클을 "기업의 성장"이라고 이야기합니다. 여러분이 **투자하셔야 하는 대상이 바로 이 "성장"입니다.**

기업이 어떻게 성장해 왔고, 현재 어떤 전략을 취하고 있고, 또 어디로 나아가고 있는지 대부분의 내용은 지금부터 말씀드릴 재무상태표, 손익계산서, 그리고 현금흐름표에 정리되어 있습니다.

경영진의 의도는
재무상태표에 드러난다

　건강한 주식투자는 사장님의 눈을 장착하는 데에서 시작합니다. 주식시장에 상장된 기업을 공부하는 여러분 입장에서는 경영진의 시선을 장착하는 것이겠죠. 우리가 기업 밖에서 아무리 '이 기업은 앞으로 이렇게 되겠지?', '이 기업은 이것만 고치면 주가가 훨씬 상승할 텐데' 하고 생각해도 경영진이 그에 맞는 전략을 수립하지 않는다면 큰 의미가 없습니다.

　경영진의 전략과 의도는 상당 부분 재무상태표에 드러납니다. 기업이 영업에 필요한 자금을 어디서 조달했는지의 출처는 재무상태표 오른쪽, 부채와 자본을 통해 알 수 있고, 그렇게 조달된 자금을 어떻게 운용하는지는 재무상태표 왼쪽, 자산을 통해 알 수 있습니다. 기업이 아무리 주어진 자산을 잘 활용한다 하더라도 그 자금의 출처가 너무나 불균형한 재무구조로 되어 있다면 향후 성장과정이 불안할 수밖에 없습니다. 반대로 자금을 조달해 놓고도 적절한 자산운용을 하지 못한다면 역시 성장성이 저해되겠죠. 이것이 여러분들이 재무상태표 분석을 절대 빼놓지 말아야 하는 이유입니다.

구 분		제56기 1분기	제55기	제54기
		2024년 3월말	2023년 12월말	2022년 12월말
[유동자산]		208,544,280	195,936,557	218,470,581
	· 현금및현금성자산	61,906,097	69,080,893	49,680,710
	· 단기금융상품	35,458,597	22,690,924	65,102,886
	· 기타유동금융자산	28,132	635,393	443,690
	· 매출채권	41,145,391	36,647,393	35,721,563
	· 재고자산	53,347,700	51,625,874	52,187,866
	· 기타	16,658,363	15,256,080	15,333,866
[비유동자산]		262,355,532	259,969,423	229,953,926
	· 기타비유동금융자산	9,594,423	8,912,691	12,802,490
	· 관계기업 및 공동기업 투자	11,907,773	11,767,444	10,893,869
	· 유형자산	191,155,560	187,256,262	168,045,388
	· 무형자산	23,246,603	22,741,862	20,217,754
	· 기타	26,451,173	29,291,164	17,994,435
자산총계		470,899,812	455,905,980	448,424,507
[유동부채]		81,770,355	75,719,452	78,344,852
[비유동부채]		17,213,333	16,508,663	15,330,051
부채총계		98,983,688	92,228,115	93,674,903
[지배기업 소유주지분]		362,315,069	353,233,775	345,186,142
	· 자본금	897,514	897,514	897,514
	· 주식발행초과금	4,403,893	4,403,893	4,403,893
	· 이익잉여금	350,847,854	346,652,238	337,946,407
	· 기타	6,165,808	1,280,130	1,938,328
[비지배지분]		9,601,055	10,444,090	9,563,462
자본총계		371,916,124	363,677,865	354,749,604	[7]

삼성전자의 재무상태표입니다. 심지어 요약 버전입니다. 너무 어려운 말 천지죠? 저도 처음에 재무제표를 공부할 때 그렇게 당황

....

[7]   2024-1Q 삼성전자 재무상태표 (단위: 백만 원)

하지 않을 수 없었답니다. 유동자산, 비유동자산은 무엇이고, 무슨 금융자산은 이리도 많은지……. 재무상태표를 열어 보자마자 '내가 갈 길이 아닌가……' 했던 기억이 생생합니다.

1. 자산을 봐야 기업의 전략이 보인다

유동/비유동은 잊어라!
우리가 기억해야 할 다섯 가지 자산

재무상태표를 공부하시는 분들이 가장 많이 실수하시는 것이 바로 유동자산과 비유동자산의 구분에 얽매이는 것입니다. 간략하게만 설명드리면, 회계적으로 1년 안에 현금화할 수 있는 자산을 유동자산, 유동화하는 데에 1년 이상 걸리는 자산을 비유동자산이라 합니다. 하지만 이 구분은 우리가 기업을 이해하는 데에 큰 실익이 없습니다.

여러분이 해야 하는 분석은 특정 자산이 영업하는 데에 꼭 필요한 자산인지 아닌지 구분하는 것입니다. 하지만 이렇게 말씀드려도 어지럽긴 매한가지입니다. 애초에 어떤 자산항목이 있는지도 모르는데 그 자산이 영업에 필요한지 알기는 거의 불가능에 가깝습니다.

다행스럽게도 여러분이 아서야 하는 자산은 딱 다섯 가지밖에 없습니다. **유형자산, 무형자산, 재고자산, 매출채권, 그리고 현금**입니다. 물론 기업에 따라 영업에 필요한 자산이 더 있을 수 있겠습니다만, 경험상 80% 이상의 기업은 이 다섯 가지 자산으로 설명할 수 있습니다. 지금부터 이 다섯 가지 자산을 **"영업자산"**이라고 부르겠습니다.

기업의 심장, 유형자산 & 무형자산

기업의 모든 가치는 유형자산과 무형자산에서 출발합니다. 유형자산은 공장, 기계설비 등 생산시설을 의미합니다. 무형자산은 연구개발의 산물입니다.[8] 산업재산권, 특허권, 상표권 등이 포함됩니다. 유/무형자산은 기업의 심장과도 같습니다. 심장이 펌핑을 통해 온몸에 피를 보내듯이, 유/무형자산이 가동되면서 기업의 영업주기도 시작됩니다.

사실 연구개발을 많이 해서 무형자산이 큰 기업은 거의 없습니다. (굳이 모르셔도 되는 회계적인 이유 때문입니다.) 따라서 유형자산을 기준으로 본 단원을 이해하셔도 무방합니다. 유형자산, 즉 공장이 가동되면 어떤 일이 생길까요? 회계를 생각하지 마시고, 공장이 돌

....

8   물론 회계적인 정의는 아닙니다. 회계를 전혀 모르시는 분들을 위한 쉬운 접근법임을 밝힙니다.

아가는 모습을 상상해 보세요. 네, 그렇습니다. 물건이 만들어집니다. 벌써 자산 분석의 첫 단계가 끝났습니다.

재고자산, 만들었으면 팔아야지?

재고자산은 여러분들이 상상하시는 그 재고를 떠올리면 큰 문제가 없습니다. 공장에서 만들어져 팔리기를 고대하며 창고에 머무는 항목입니다.[9] 재고자산은 팔리는 순간 재무상태표에서 사라지면서 다음 단계로 넘어갑니다.

매출채권, 팔았으면 받아야지?

매출채권은 기업이 외상으로 판 매출을 의미합니다. 물건을 팔 때마다 대금을 그때그때 받을 수 있다면 금상첨화겠지만, 안타깝게도 기업의 세계에서 외상으로 물건을 주고받는 일은 비일비재합니다. 나는 분명 고객에게 물건을 넘겼는데 고객이 아직 돈을 안 줬다면 그 금액이 재무상태표에 매출채권이라는 자산으로 기록됩니다. 매출과 관련하여 받아 올 권리, '매출채권'입니다.

현금, 받았으면 재투자해야지?

물건을 외상으로 판 지 한 달, 고객이 드디어 대금결제를 해주었

---

[9]   역시 주린이를 위한 쉬운 설명일 뿐, 회계적인 설명이 아님을 밝힙니다.

습니다. 매출채권이 사라지면서 현금이 생깁니다. 항상 기억하세요. 물건을 팔았다고 끝이 아닙니다. **현금으로 회수되어야 진짜 가치이고, 성장입니다.**

기업은 벌어들인 현금을 어디에 쓸까요? 여러 군데 쓸 수 있지만, 우리는 아직 자산밖에 배우지 않았으니 자산이라는 틀 안에서 설명해 보죠. 앞서 치킨집의 예시처럼 기업은 벌어들인 현금을 더 양질의, 많은 영업을 하기 위해 재투자합니다. 더 많은 제품을 생산하고 싶으면 유형자산에, 더 좋은 제품을 생산하고 싶으면 무형자산에 투자하겠죠?

고인 물은 썩는다, 자산의 순환

심장이 피를 동맥으로 보내고, 온몸의 모세혈관에 영양분을 전달합니다. 역할을 다한 피는 정맥을 통해 심장으로 돌아오고, 심장은 피를 다시 필터링해서 온몸에 순환시킵니다. 이 과정에서 혈관에 콜레스테롤이 쌓이면 어떻게 될까요? 네, 사람은 죽습니다. 심장에서 막히면 심근경색, 뇌에서 막히면 뇌경색입니다. 아예 막히지 않더라도 혈액은 어딘가 끈적해지고 느려지겠죠. 기업도 마찬가지입니다. '유/무형자산 → 재고자산 → 매출채권 → 현금 → 다시 유/무형자산'으로 통하는 사이클에서 뭔가 막히면 안 됩니다.

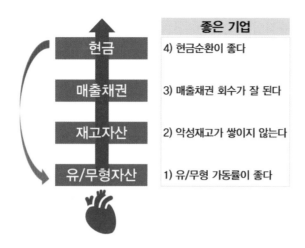

막히면 안 된다는 게 어떤 의미일까요? **"각 자산의 숫자가 과도하게 커지면 안 됩니다."** 과도한지 여부는 보통 매출의 움직임에 맞춰 판단합니다.

예를 들어 보죠. 대표님이 마음먹고 공장을 신설했습니다. 1년에 신제품을 1,000개나 생산할 수 있는 공장입니다. 연말이 되어 결산을 해보니 글쎄, 공장에서 물건이 딱 300개만 나왔답니다. 기분이 어떠신가요? 멋들어지게 설명하기는 어려워도 뭔가 찜찜하실 겁니다. 1,000개 만들 수 있는 공장에서 300개가 나왔다면 '나머지 700개는?' 하는 생각이 들죠. 이게 뉴스에서 종종 보이는 과잉투자입니다. **1,000개 생산할 수 있는 공장은 최대한 1,000개 가까이 생산해**

....

10 Kevinvestment 강의자료 일부 발췌

야 가장 효율적입니다.[11]

물건을 1,000개 잘 생산했다고 치죠. 그런데 만든 물건이 세 달이 지나도, 1년이 지나도 팔리질 않습니다. 그대로 창고에 있는 것이죠. 이를 미판매재고, 악성재고라 부릅니다. **제품은 창고에 머무르는 시간이 너무 길면 안 됩니다.** 매출에 비해 재고자산 규모가 크면 클수록 제품이 창고에 머무르는 시간이 길다는 것이고, 그만큼 자산이 비효율적으로 돌아가고 있다는 얘기입니다.

물건을 팔았습니다. 그런데 외상으로 팔았습니다. 고객이 자꾸만 돈을 안 줍니다. 기다리다 지쳐 고객사에 전화를 하니 전화조차 받지 않습니다. 물건만 넘기고 사실상 날린 돈이 되는 것이죠. **매출채권 역시 빠르게 회수될수록 유리합니다.** 매출에 비해 매출채권 규모가 너무 크다면 그만큼 외상대금 회수기간이 길다고 판단해야 합니다.

개인적으로는, 매출의 변동률과 재고자산 및 매출채권의 변동률을 비교합니다. 기업이 아주 빠르게 성장해야 하는 예외적인 상황이 아닌 한 매출과 재고자산, 매출채권은 보통 비슷한 비율로 움직입니다. 매출 1,000억에 재고자산 200억, 매출채권 100억을 유지했던 회사가 매출이 2,000억으로 뛰어올랐다면 사업구조에 큰 변화가 있지 않은 한 재고자산은 400억, 매출채권은 200억 정도가 될

....

11 이를 "가동률"이라 하며, 가동률은 약 90% 수준에서 유지되는 것이 가장 안정적입니다.

확률이 높습니다. 거꾸로 말하면, **매출의 상승에 비해 재고자산이나 매출채권이 너무 크게 증가했다면 무언가 비효율이 기업 안에서 자라고 있다**고도 해석해 볼 수 있습니다.

현금을 벌었다고 끝이 아닙니다. 기업이 영업을 아주 잘해서 큰 현금을 벌었다고 해보죠. 그런데 그 현금을 그저 들고만 있습니다. 회사에 전화해서 물어보니까 딱히 쓸 데도 없답니다. 공장 증설도 당분간은 계획이 없고, 그렇다고 연구개발이 필요한 업종도 아닙니다. 정 쓸 데가 없으면 배당이라도 하라 하니 그저 검토만 해보겠답니다. **현금은 언제나 기업이나 주주의 가치를 제고하기 위해 활용되어야 합니다.** 더 많은, 더 양질의 제품을 생산하는 데에 투자되어야 하고, 경우에 따라서는 신사업을 위해 투자되어야 합니다. 회사의 현재 비전을 충분히 실행하고도 남은 돈이라면 뒤에서 다룰 배당이나 자사주 매입으로 활용되어야 하죠.

기억하세요. 쌓아만 두고 있는 현금은 가치가 없습니다. 고인 물이고, 곧 썩게 될 물입니다. 정상적인 기업이라면 보유 현금의 비중이 전체 자산의 약 10~15% 정도로 유지되고 있을 겁니다.

앞서 소개한 유/무형자산, 재고자산, 매출채권, 현금을 제외하면 그냥 장사하는 데에 굳이 필요하지는 않은 자산, "비영업자산"이라고 생각하셔도 무방합니다. 높은 확률로 갖가지 금융자산, 투자자산 등으로 구성되어 있을 텐데, 이제 막 기업분석을 시작하는 주린이 여러분들께서 굳이 머리 꽁꽁 싸매 가며 고민하실 필요 없는 항목들입니다.

　어떤가요? 생각보다 단순한 분석 아닌가요? 경영진이 어떤 생각과 방향성을 갖고 기업을 운영하는지는 재무상태표의 자산 파트가 요약해서 전달합니다. 그중에서도 우리는 다섯 가지 영업자산(유형자산, 무형자산, 재고자산, 매출채권, 현금)만 보면 됩니다. 각 자산이 적절한지 보는 방법은 기업의 영업규모(매출)에 비해 각 자산이 과도하게 잡혀 있는지 체크하는 것입니다. 이를 살펴보는 것만으로도 여러분은 재무제표의 첫걸음을 아주 훌륭하게 떼신 겁니다.

자산 에서 욕심내기

(1) 유동비율의 함정

강의를 하다 보면 유동비율에 집착하시는 분들을 종종 만납니다. 유동비율은 "유동자산/유동부채"로 계산하는데요, 유동자산은 1년 안에 현금화가 가능한 자산, 유동부채는 1년 안에 상환해야 하는 부채를 의미합니다. 유동비율을 좋아하시는 분들은 유동비율 100%를 기준으로 기업의 재무건전성을 판단하십니다. 유동비율이 100% 미만이라면 유동자산보다 유동부채가 많다는 이야기이고, 그럼 1년 안에 현금화할 수 있는 자산보다 1년 안에 갚아야 하는 부채가 많다는 의미니까 기업에 뭔가 문제가 있다고 해석하는 것이죠. 하지만 정말 그럴까요?

먼저 유동자산입니다. 유동자산의 대표적인 항목으로 현금, 매출채권, 재고자산이 있습니다. 재고자산이 많으면 좋은 걸까요? 앞에서 재고자산이 많으면 영업규모에 비해서 미판매재고가 많은 것이므로 오히려 비효율적인 경영을 의미할 수도 있다고 말씀드렸습니다. 매출채권이 많은 것도 영업규모에 비해서 외상으로 판매되는 비중이 크다는 의미니까 그만큼 현금회수가 늦어지고 있다고 해석된다고 했죠. 현금이 너무 많은 것도 주주환원이 부족하거나 재투자가 적절히 이루어지고 있지 않은 것이라 설명드렸습니다. 유동자산이 많은 게 경영진 입장에서 마음이 편할지는 몰라도 그게 정말 효율적인지, 주주에게 이로운 일일지는 재차 생각해 봐야 합니다.

　반대로 유동부채도 볼까요? 뒤에서 다루겠지만 유동비율 100%라는 기준에 따르면 유동부채는 적을수록 좋습니다. 물론 이 유동부채가 단기차입금과 같은 금융부채(바로 뒤에서 설명합니다)라면 적은 것이 좋지만, 부채에는 꼭 차입금만 있지 않습니다. 매입채무나 미지급금, 선수금처럼 오히려 많을수록 좋은 부채도 있죠. 이런 부채가 많아서 유동부채가 많고, 그에 따라 유동비율이 낮은 거라면 오히려 주주는 기분이 좋아야 합니다.

IFRS(연결)	2020/12	2021/12	2022/12	2023/12
안정성비율				
유동비율 🔲 🔲	46.1	53.5	54.7	54.1 [12]

　예시로 설명드려 보죠. 한국의 대표적인 백화점 기업, 신세계입니다. 신세계의 유동비율은 2020년 46.1%, '21년 53.5%, '22년 54.7%, '23년 54.1%입니다. 어떤가요? 꾸준히 100% 미만을 유지하고 있습니다. 신세계가 위험한 기업인가요? 글을 쓰는 지금 내수소비가 급격하게 위축되면서 주가는 하락하고 있지만 신세계가 위험한 기업은 아닙니다. 오히려 재고자산이나 매출채권에 비해 더 큰 매입채무와 미지급

....
12　신세계 연도별 유동비율 (출처: comp.fnguide.com)

금을 유지하면서 공짜로 돈을 벌고 있는 기업입니다.

(2) 감가상각비의 진짜 의미

감가상각비를 유형자산의 가치가 시간이 지남에 따라 감소하는 것을 손익에 반영한 것이라고 이해하시는 분들이 많습니다. 이는 경제학이 말하는 감가상각의 개념입니다. 하지만 재무제표에서 감가상각을 위와 같이 이해하시면 기업에 대해 꽤 큰 오해를 하게 됩니다.

조금 어려운 말로, 감가상각은 유형자산의 취득원가를 (잔존가치를 제외하고) 내용연수에 나눠 비용처리하는 개념입니다. 회계에서는 수익과 비용을 대응시켜야 합니다. 수익이 발생하지 않으면 비용을 섣불리 잡을 수 없다고도 해석하실 수 있습니다.

만약 1,000억 원을 투입하여 공장을 지었다고 해보죠. 지출된 1,000억을 한 번에 손익계산서에 비용으로 처리한다면 개념적으로는 공장을 올 한 해만 가동하고 내년부터는 버리겠다는 뜻입니다. 하지만 그렇지 않잖아요? 공장은 재건축이 필요한 시점까지는 꾸준히 가동되면서 우리 회사 매출에 천천히 기여할 겁니다. 공장을 약 20년(내용연수) 정도 쓸 수 있다고 해보겠습니다. 그럼 올해 지출한 1,000억은 당장 올 한 해에 모두 우리 회사 매출에 기여하는 것이 아니라 20년에 걸쳐 천천히 기여하게 됩니다. 그럼 1,000억을 20년으로 나눠 연 50억 정도가 공장의 투입원가가 매년 우리 회사에 기여한 금액이 될 것이고, 이것이 회계가 말하는 감가상각비입니다.

감가상각비는 공장의 가치가 깎이는 것이 아니라 이미 지출된 현금을 바로 비용에 태우지 않고 그 공장이 존속하면서 회사 매출에 기여할 수 있는 기간 동안 나눠서 비용처리하는 개념인 것이죠.

(3) 대손충당금

재무분석이 성향에 맞으시는 분들은 매출채권을 분석하실 때 대손충당금도 함께 분석해 보세요.

매출이 1,000억인 기업이 항상 10% 정도는 외상으로 판매하고 대체로 1년 안에 회수한다고 가정하면 매출채권은 보통 100억 정도로 유지될 겁니다. 그런데 말입니다, 이 외상매출을 항상 제대로 회수할 수 있다는 가정은 어디서 오는 걸까요? 실제 많은 사업에서 외상매출은 절대 100% 회수되지 못합니다. 고객사가 도산하기도 하고, 그냥 아무 이유 없이 결제를 해주지 않고 잠수를 타는 경우도 있습니다. 기업이 경험적으로 매출채권 100억 중 항상 3억 정도씩 떼이더라는 통계를 갖고있고, 앞으로도 매년 3억 정도씩은 못 받을 것 같다고 판단한다고 합시다. 그럼 기업의 실질적인 매출채권은 100억이 아니라 97억일 겁니다. 어차피 3억을 못 받을 거거든요.

이런 상황에서 회수해야 할 매출채권 중에서 못 받을 것이라고 예상되는 금액을 미리 비용으로 빼 두는 수치가 바로 '대손충당금'입니다.

대손, 손해를 대비해서, 충당금, 쌓아 둔 돈이라는 얘기죠.

　대손충당금이 전체 매출채권에 비해 10%가 넘어간다면(대손충당금 설정률)[13] 기업의 영업활동에 대해 한 번쯤 의심해 보서야 합니다. 여러분의 과거를 떠올려 보세요. 시험을 망쳤습니다. 당당하게 현관문을 박차고 들어가면서 "엄마, 나 이번 시험 망했어요!" 하고 들어가셨나요? 아니죠, 아주 조용히, 행여 엄마에게 들릴세라 조심조심 방으로 향했을 겁니다. 엄마가 "ㅇㅇ아, 시험 잘 봤니?" 하고 물어보시면 "으응……! 괜찮게 봤어……!" 하고 말끝을 흐렸을 겁니다.

　기업도 마찬가지입니다. 자신의 치부를 드러내려고 하지 않습니다. 되도록이면 숨기려고 하죠. 대손충당금이 딱 이 지점에 해당합니다. 기업은 어지간하면 대손충당금을 높게 잡으려고 하지 않습니다. 그런데도 불구하고 대손충당금설정률이 높다면, 그렇게 잡을 수밖에 없는 상황이 분명히 있다는 것이고, 실제로 기업이 회수하지 못할 금액은 재무제표에 공시된 대손충당금보다 훨씬 많을 수도 있다고 해석하서야 합니다.

　개인적으로는, 별달리 타당한 이유가 없는데 대손충당금설정률이 10%가 넘어가면 그 기업의 매출채권 전체에 대해 회수 가능성을 의심해 보는 습관을 가지고 있습니다. 재무제표를 보다 꼼꼼히 보고 싶으신 분이라면 한 번쯤 생각해 보실 만한 지점입니다.

....
13　대손충당금 / 매출채권

(4) 재고자산 평가충당금

재고자산도 매출채권과 마찬가지로 "평가충당금"이라는 개념이 있습니다. 기업이 100억 정도를 들여 제품을 만들었다고 합시다. 아직 팔리지 않았다면 재고자산이 100억이 잡혀 있겠죠. 하지만 경기가 꺾이면서 시장에서 제품의 판매가격이 급격하게 하락했고, 그에 따라 재고자산을 향후 판매했을 때 내가 투입한 원가 100억만큼도 받지 못할 것 같다는 판단을 했다고 해보죠. 그럼 회사는 아직 팔리지 않은 재고자산임에도 불구하고 재고자산 100억에 대해 미리 손실을 반영해야 합니다.

	당기말			전기말		
구 분	취득원가	평가손실충당금	장부금액	취득원가	평가손실충당금	장부금액
상 품	3,523	(187)	3,336	3,539	(138)	3,401
제 품	4,626,922	(1,028,168)	3,598,754	4,651,604	(812,889)	3,838,715
재공품	8,768,689	(1,203,637)	7,565,052	9,433,873	(339,721)	9,094,152
원재료	1,624,354	(119,309)	1,505,045	1,936,321	(118,945)	1,817,376
저장품	773,460	(75,301)	698,159	849,480	(63,655)	785,825
미착품	110,313	–	110,313	125,238	–	125,238
합 계	15,907,261	(2,426,602)	13,480,659	17,000,055	(1,335,348)	15,664,707

(단위: 백만원) [14]

2023년도 SK하이닉스의 재고자산 세부내역입니다. 당기말 숫자가 2023년도이고, 전기말 숫자가 2022년도입니다. 2023년도는 한국 반도체 역사상 최악의 한 해였다고 불릴 정도로 주요 반도체 업체들이

....

14 2023 SK하이닉스 재고자산 세부내역 (단위: 백만 원)

공급과잉으로 고생하던 시기입니다. 2022년도에는 하이닉스가 재고자산을 만드는 데 투입한 원가가 17조였는데 이 중 1.3조 정도를 평가손실충당금으로 잡았습니다. 하지만 2023년도 공급과잉 여파로 부득이하게 감산을 결정하면서 취득원가 기준 재고자산은 15.9조로 줄어들었으나, 여전히 평균판매가격(ASP)이 낮게 유지되었기 때문에 회사는 재고자산 15.9조에 대해 그 가치를 온전히 인정하지 않았고, 평가손실충당금으로 자그마치 2.4조를 잡습니다. 전체 재고의 15% 정도가 사실상 손실된다고 판단했다는 이야기입니다.

(단위: 백만원)

구 분	당분기말			전기말		
	취득원가	평가손실충당금	장부금액	취득원가	평가손실충당금	장부금액
상 품	7,763	(215)	7,548	3,523	(187)	3,336
제 품	4,456,458	(903,816)	3,552,642	4,626,922	(1,028,168)	3,598,754
재공품	8,466,966	(391,444)	8,075,522	8,768,689	(1,203,637)	7,565,052
원재료	1,504,356	(83,949)	1,420,407	1,624,354	(119,309)	1,505,045
저장품	772,833	(92,236)	680,597	773,460	(75,301)	698,159
미착품	107,923	–	107,923	110,313	–	110,313
합 계	15,316,299	(1,471,660)	13,844,639	15,907,261	(2,426,602)	13,480,659	[15]

하지만 2024년 1분기 재고자산을 보면 이야기가 달라집니다. 삼성전자와 SK하이닉스의 뼈를 깎는 감산이 효과가 있었는지 전통적인 메모리반도체(D램 & NAND/SSD)의 가격이 빠르게 반등하면서 재고자산의 실질가치가 회복되었고, 자료 기준 전기말('23년 말) 2.4조에 달했던 재고자산 평가손실충당금이 당분기말('24년 1분기 말) 1.4조까지 감소하였습니다. 나중에 손익계산서에서 배우겠지만, 이런 경우 약

....

15 2024-1Q SK하이닉스 재고자산 세부내역 (단위: 백만 원)

9,000억에 달하는 평가손실충당금 환입액이 이익단에 상당히 유리하게 작용하기도 합니다.

이렇게 재고자산의 평가충당금 수치까지 본다면 기업 스스로 현재 업황에 대해, 또는 자기 스스로의 경쟁력에 대해 어떻게 판단하고 있는지 눈치를 챌 수 있습니다.

2. 모두가 오해하는 그것, 부채

주린이분들께서 재무제표를 공부할 때 가장 많이 오해하는 부분이 바로 부채가 아닐까 합니다. 부채비율이 높은 기업이 위험하다, 그래서 조심해야 한다! 많이들 들어 보셨죠? 어떤 분은 부채비율이 100%가 넘어가면 위험하다, 또 어떤 분은 아니다, 150%까지는 괜찮다 등 말이 다 다릅니다. 당연히 주린이 여러분들께서 혼란스러울 수밖에 없죠.

사실 부채비율(부채/자본)은 여러분이 주식투자를 하면서, 과장을 약간 얹어, 크게 신경 쓰지 않아도 되는 지표입니다. 회계를 조금이라도 접해 보신 분이라면 이 말이 얼마나 도발적인지 느끼실 겁니다. 어떻게 부채비율이 중요하지 않을 수 있지? 네, 중요하지 않습니다. 여러분께 중요한 것은 단순한 부채비율이 아니라 **"어떤 성격의 부채가 많은가"**입니다.

지금부터 제가 여러분에게 돈을 빌리겠습니다. 가볍게 1,000만 원 정도만 빌려 볼까요? 제가 제시하는 대출조건은 다음과 같습니다. 만기는 10년, 이자율은 0%입니다. 어떻게 하시겠습니까? '쟤 뭐야?' 하는 눈초리가 여기까지 느껴지네요. 누구라도 바보가 아닌 이상 이러한 제안에 고개를 끄덕이지 않을 겁니다. 하지만 기업은 종종 이와 유사한 조건의 부채를 끌어다 쓰기도 합니다. 그리고 이러한 부채를 잘 활용할수록 외려 좋은 기업이라고 해석해야 합니다.

부채 분석의 출발은 바로 "이자비용이 나가는 부채"와 "이자비용이 나가지 않는 공짜 부채"를 구분하는 것입니다. 전자를 "금융부채"라고 하고, 후자를 "영업부채"라고 합니다. 지금부터 금융부채와 영업부채를 아주 쉽게 분석해 보겠습니다.

금융부채, 이게 많으면 부담스럽죠!

경험상 아주 특이한 경우를 제외하면 기업에게 이자비용을 발생시키는 금융부채는 네 가지로 압축됩니다. **1)차입금, 2)사채(회사채), 3)리스부채, 그리고 4)유동성장기부채**입니다.

차입금은 은행에서 빌린 돈입니다. 만기 1년 미만으로 빌리면 단기차입금, 1년 이상이면 장기차입금으로 분류하는데, 만기의 구분은 일단 무시하고 넘어가셔도 됩니다.

회사채는 국채처럼 기업이 자신의 명의로 발행한 채권입니다. 쉽게 차용증이라고 생각하시면 되고, 돈을 빌렸다는 측면에서 차입금과 크게 다를 것 없습니다. 단지 차입금은 은행이 빌려준 돈이고, 사채는 회사채 투자자가 돈을 빌려준다는 차이만 있습니다.

리스부채는 엄밀히 말해 회사가 돈을 빌린 건 아닙니다. 자산을 빌릴 때 잡히는 항목이 리스부채입니다. 기업이 차량을 리스하거나 창고, 공장을 임차하는 경우에 그 금액이 리스부채로 잡힙니다. 회사는 자산을 빌리는 대가로 매달 리스료를 지불하는데, 이 리스료가 뒤에서 배울 손익계산서에 이자비용으로 잡히기 때문에 리스부채를 금융부채로 봅니다.

마지막, 조금 어려운 말이긴 합니다만, 유동성장기부채입니다. 사실 개념은 그렇게 어렵지 않습니다. 제가 여러분께 3년 만기로 돈을 빌렸다고 합시다. 이 부채는 만기가 1년 이상이므로 제게 장기부채입니다.[16] 하지만 2년 정도가 지나면 만기가 1년 안으로 줄어듭니다. 원래는 장기부채였는데 시간이 지나 이제 1년 안에 갚아야 하는 부채가 바로 유동성장기부채입니다. 경험상 유동성장기부채는 차입금인 경우가 대부분이므로 주린이 여러분들께서는 유동성장기부채를 금융부채로 보셔도 되겠습니다.

영업부채, 많을수록 좋다?

영업부채는 정말 쉽습니다. 앞에서 소개한 **네 가지 금융부채를 제외하면 거진 영업부채**라고 생각하셔도 크게 틀리지 않습니다. 아직 재무제표가 익숙하지 않으신 분들은 금융부채만 따로 계산해

---

16 '장기부채=비유동부채'로 해석하셔도 무방합니다.

보시고, 나머지 금액은 전부 영업부채로 계산하셔도 됩니다. 그래도 아쉬우니 대표적인 영업부채를 몇 가지 다뤄 보죠.

매입채무와 미지급금/비용입니다. 이들의 회계적인 구분은 중요하지 않습니다. 그냥 줘야 할 돈을 아직 안 주고 있는 겁니다. 매출채권의 반대말이라 생각하셔도 괜찮습니다. 매출채권이 내가 물건을 외상으로 팔고 아직 받지 못한 돈이라면, 매입채무는 내가 원재료를 외상으로 사 오고 아직 주지 않은 돈입니다.

선수금은 내가 고객에게 물건을 주기도 전에 고객이 먼저 돈부터 준 경우입니다. 이런 경우가 있을 수 있냐고요? 네, 기업의 제품과 서비스가 충분히 매력적이라면 고객이 얼마든지 대금을 선지급하기도 합니다. 책을 쓰는 지금, AI 관련 반도체가 핫하다 못해 공급이 부족한 바람에 SK하이닉스 등 몇몇 반도체 기업은 고객으로부터 선수금을 두둑이 받고 사업을 하고 있습니다.

영업부채는 많을수록 좋고, 많을수록 기업의 경쟁력이 강하다는 것을 방증합니다. 지난 십 수년간 이를 완벽히 활용했던 기업이 바로 애플입니다. 애플 재무제표를 보면 매입채무와 선수금이 어마어마하게 많습니다. 받을 돈은 미리 받고, 줄 돈은 늦게 주고 있는 기업인 것이죠. 기업 생태계에서 엄청난 갑의 위치에 있지 않는 이상 이러한 구조를 10년 넘게 유지하는 것은 거의 불가능합니다. 애플이기 때문에 가능합니다. 그렇게 애플은 영업부채가 큰 바람에 부채비율이 500%에 달합니다. 부채비율이 500%가 넘는 애플, 위

　　　　　　　　　　　　　I. 기업을 이겨라

험한 기업인가요? 전혀 그렇지 않겠죠? **여러분이 조심하셔야 하는 것은 금융부채입니다.**

애플처럼 누구나 아는 좋은 기업이어야 영업부채가 많은 것은 아닙니다. 코스닥에 상장된 '한양이엔지'를 볼까요?

	제 36 기	제 35 기	제 34 기
자산			
유동자산	540,177,678,704	463,371,028,853	396,252,195,031
현금및현금성자산	201,780,675,605	117,720,421,084	100,518,520,276
단기금융상품	44,592,392,948	20,626,770,278	3,126,259,617
매출채권 및 기타유동채권	115,961,674,907	142,145,730,589	120,350,965,262
유동재고자산	27,235,082,414	31,612,559,578	7,824,581,857
당기법인세자산	315,082,941	155,580,084	145,629,507
단기미청구공사	129,699,863,738	131,167,209,003	149,048,787,903
기타유동금융자산	9,143,664,303	12,929,854,462	10,323,748,957
기타유동자산	11,449,241,848	7,012,903,775	4,913,701,652

17

부채			
유동부채	290,978,294,750	256,641,339,576	208,748,800,520
매입채무 및 기타유동채무	134,156,217,601	128,148,855,367	109,334,721,939
단기초과청구공사	88,517,845,455	50,913,067,498	41,440,034,268
유동 차입금			80,000,000
미지급법인세	8,671,387,102	13,341,921,221	9,612,084,008
기타유동금융부채	3,923,173,516	2,650,672,568	3,221,297,103
기타 유동부채	55,709,671,076	61,586,822,922	45,060,663,202
비유동부채	3,422,911,235	2,561,272,958	3,300,920,524
퇴직급여부채	34,658,404		2,295,168,401
이연법인세부채	979,111,329	1,179,335,424	51,930,301
기타비유동금융부채	2,409,141,502	1,381,937,534	953,821,822
부채총계	294,401,205,985	259,202,612,534	212,049,721,044

18

....

17   2023 한양이엔지 재무상태표(유동자산) (단위: 원)
18   2023 한양이엔지 재무상태표(부채) (단위: 원)

2023년도 연말 기준으로 3,000억에 달하는 이 기업의 부채 중 금융부채는 단 하나도 없습니다. 매입채무가 1,300억, 초과청구공사 (선수금과 비슷함)가 900억에 달해 공짜로 땡겨 오는 돈만 2,200억입니다. 다른 부채항목들도 영업부채에 해당하여 사실상 3,000억의 부채가 모두 영업부채입니다. 이에 반해 현금이 묶이는 자산인 매출채권, 재고자산, 미청구공사(매출채권과 비슷)는 도합 2,700억 정도로, 묶이는 현금보다 공짜로 빌리는 현금이 더 많습니다. 이 이유 하나만으로 한양이엔지에 투자했던 것은 아니지만, 제가 한양이엔지를 좋은 기업이라고 판단한 여러 원인 중 하나이며, 실제로 한양이엔지는 제게 아주 양호한 수익을 가져다준 기업입니다.

금융부채가 많으면 어떻게 해야 하지?

어떤 기업의 금융부채가 많다면 어떻게 해야 할까요? 조금 귀찮으시더라도 재무제표 "주석"에 가 보시면 기업이 빌린 차입금에 대한 상세한 내역을 확인하실 수 있습니다. 어느 은행에 어느 기간 동안 몇 퍼센트의 이자율로 빌렸는지 찾아보세요. 기업이 1년에 부담해야 하는 대략적인 이자비용을 구하실 수 있을 겁니다. 그리고 이를 기업의 영업이익과 비교해 보세요.

차입처	차입금 종류	이자율(%)	만기일	당분기말	전기말
하나은행	외화자금	SOFR 1M+1.20%	2025.01.24	3,139,600	2,227,282
씨티은행	운전자금	7.75%	2024.04.11	2,422,500	465,000
신한은행	운전자금	1M MCLR + 0.10%	2024.06.12	969,000	2,571,450
하나은행	운전자금	Repo rate +0.8% -3.0%	2025.03.31	2,947,375	2,828,750
단기차입금 계				9,478,475	8,092,482 [19]

기업의 영업이익이 이자비용보다 작다면, 1년간 장사해서 번 돈
으로 이자조차 갚지 못한다는 이야기입니다. 정말 큰일 난 것이죠.
뒤에서 배우겠지만, 이런 상태가 지속되면 유상증자 등의 방법으
로 주주의 가치를 희생시키면서 말 그대로 연명해야 하는 상황에
직면해야 합니다.

....

19   2023-1Q 디와이파워 차입금내역 일부 발췌 (단위: 천 원)

부채 에서 욕심내기

(1) 부채비율

유동비율과 함께 투자자분들이 가장 많이 오해하시는 지표가 바로 부채비율입니다. 부채비율은 "부채 / 자본"으로 계산하는데, 부채비율이 높을수록 자본(주주의 돈)에 비해 부채(채권자의 돈)가 많으므로 기업의 재무건전성이 취약하다고 이야기합니다. 한국의 많은 투자자들이 부채비율이 150% 이상이면 회사가 위험하다고 이야기하기도 하죠. 하지만 정말 그럴까요?

단언컨대 우리나라에서 부채비율 150%를 기준으로 잡고 가는 것은 절대 이론에 근거한 판단이 아닙니다. 경험적인 불안함 때문입니다. IMF 위기 당시 부채비율이 높았던 기업들이 먼저 고꾸라졌고, 그 트라우마를 가지고 있는 분들의 뇌리 속에는 "부채비율이 높았던 기업이 빠르게 무너졌다"는 경험칙이 자리 잡은 것이죠.

본 장에서 다룬 것처럼 부채도 어떤 부채가 많은지를 보셔야 합니다. 부채비율이 높아도 대부분의 부채가 영업부채라면 오히려 부채비율이 높은 것이 그 기업의 경쟁력일 수 있습니다. 남의 돈을 이자를 지불하지 않고 그만큼 끌어오는 것은 어지간한 교섭력이 있지 않고는 불가능하기 때문입니다.

예시를 들어 보죠. BGF리테일의 부채비율은 수년간 200%를 상회하고 있습니다. 내(주주) 돈에 비해 남의 돈이 2배 이상 많으니 위험한 기업일까요? 2023년 BGF리테일의 부채총계는 2.1조에 육박합니다. 하지만 이 중 진짜 현금을 빌린 차입부채는 100억에 불과합니다. 나머지 2조의 부채는 BGF리테일이 편의점 사업을 영위하면서 가맹점 등을 대상으로 자연스럽게 잡히는 영업부채입니다. BGF리테일은 부채비율 200%에도 불구하고 남의 돈으로 굉장히 효율적으로 장사하는 안정적인 기업이었던 겁니다.

IFRS(연결)	2020/12	2021/12	2022/12	2023/12	2024/06
부채비율 🔲 🔳	240.3	220.8	206.1	199.6	198.6 [20]

그럼 무조건 차입부채가 많으면 좋지 않은 걸까요? 꼭 그렇지도 않습니다. 차입부채에 대해 기업이 5%의 이자율을 부담하고 있다고 해보죠. 그런데 이 부채를 활용하여 기업이 1년에 10%씩 성장합니다. 이거야말로 아주 기분 좋은 레버리지 효과 아닌가요? 차입금은 분명 이자비용이라는 대가를 요구합니다. 하지만 **기업이 이를 활용해서 이자비용 이상의 부가가치를 창출할 수 있다면** 오히려 주주는 기뻐해야 할지도 모릅니다. 언제나 중요한 건 해석의 유연함입니다.

....

20 BGF리테일 연도별 부채비율 추이 (출처: comp.fnguide.com)

(2) 이자보상배율

　기업의 실질적인 금융부채 부담을 확인할 수 있는 유용한 지표가 바로 "이자보상배율"입니다. 공식으로는 "영업이익 / 이자비용"입니다. 앞에서 기업이 차입금을 많이 조달해도 그 이상의 성장률을 기록한다면 괜찮다고 말씀드렸습니다. 기업이 차입금을 조달하면 이자비용이 늘어날 겁니다. 하지만 그보다 더 높은 성장을 한다면? 영업이익이 늘어나겠죠. 그럼 이자비용이 증가함에도 불구하고 이자보상배율은 상승할지도 모릅니다.

　스토리로 풀어 보면, 이자보상배율은 기업이 1년에 창출하는 영업이익으로 이자를 몇 번이나 낼 수 있느냐로 풀이됩니다. 이자를 많이 낼 수 있으면 있을수록 그만큼 이자비용과 법인세비용을 제했을 때 주주가 가져갈 수 있는 부가가치가 많다고 해석됩니다. 반대로 이자보상배율이 1도 되지 않는다면 장사해서 번 돈으로 차입금 원금은커녕 이자비용도 못 내고 있다는 이야기이니 도산이 얼마 남지 않았다고 해석할 수 있겠죠.

　이자보상배율의 기준은 10배를 기준으로 봅니다. 뒤에서 더 자세하게 설명드리겠지만, 이자보상배율이 10배 미만이면 약간의 경기 불확실성, 업황 조정이 와도 기업의 수익률이 심각하게 꺾이는 경우가 발생합니다.

　중요한 것은 부채의 절대 규모가 아니라 그 규모를 기업이 원활하게 핸들링할 수 있느냐는 것, 꼭 기억하시기 바랍니다.

3. 주주가치를 보고 싶다면, 자본

자본이야말로 용어만 보면 가장 어려운 부분이 아닐까 합니다. 자본금, 자본잉여금, 기타자본항목, 기타포괄손익누계액……. 말만 들어도 멀리하고 싶은 용어들입니다. 다시 한번 강조드리지만, 절대 용어에 휘둘리지 마시고, 딱 두 가지만 기억하세요.

자본은 주주가 회사에 납입한 "원금"의 개념과 그 돈을 가지고 회사가 이익을 내서 쌓인 "이익"으로 구분됩니다. 전자는 "자본금"과 "자본잉여금"[21]의 합으로 계산되고, 후자는 "이익잉여금"으로 계산됩니다.

이익잉여금이 증가했다?

이익잉여금이 증가했다는 것은 적어도 기업이 안정적으로 이익을 벌었다는 의미입니다. 물론 그렇다고 기업의 주가가 상승한다는 것을 보장할 수는 없지만, 주주의 가치가 점진적으로 상승하고 있다고 해석하서도 되겠습니다.

....

21 정확한 동의어는 아니지만 "주식발행초과금"으로 기재되어 있다면 동일한 성격입니다.

자본금/자본잉여금이 늘었다면?

　문제는 자본금과 자본잉여금이 증가할 때입니다. 약간은 어려운 이야기일 수 있지만 꼭 필요한 말씀이니 드리도록 하겠습니다. 자본금/자본잉여금이 증가했다는 것은 회사가 주식을 새롭게 발행하여 새로운 주주에게 이 주식을 나눠 주면서 투자를 받았다는 의미입니다. 투자를 받았으면 좋은 것 아니냐고요?

　주식은 회사의 소유권을 잘게 나눠 둔 개념입니다. 100억짜리 회사의 주식이 100개 있다면 1주당 가치는 1억 원이겠죠. 하지만 기업이 새로운 원금을 투자받게 되면 전체 주식 수가 늘어나게 됩니다. 주식 수가 100개에서 200개로 늘어났다면, 1주당 가치는 1억 원에서 약 5천만 원으로 떨어질 겁니다. 우리는 이를 지분가치가 "희석"되었다고 표현하고, 이는 주가에 즉각 반영됩니다.

　어떤 이유로든 자본금과 자본잉여금이 증가하면서 전체 자본이 늘어났다면, 설사 그것이 부채비율을 낮췄다고 하더라도 주린이 여러분들께서는 악재로 생각하셔야 되겠습니다.

자본 에서 욕심내기

(1) 자본금 vs 자본잉여금

앞에서 자본금과 자본잉여금(주식발행초과금)을 합해 주주가 회사에 투입한 원금이라고 생각하라고 말씀드렸습니다. 조금만 더 욕심내고 싶으신 분들을 위해 자본금과 자본잉여금을 구분해 보죠.

자본금은 '액면가 × 발행주식총수'로 계산합니다. 자본잉여금은 액면가 이상으로 투자받은 금액입니다. 왜 굳이 이렇게 개념 구분을 하는지 이상하시죠?

액면가는 기업의 정관에 정의된 주식의 최소발행가액입니다. 정관에서 주식의 액면가를 1,000원으로 정했다면, 회사가 주식을 발행할 때에는 최소 1,000원 이상에 발행하여야 하는 동시에 법적으로 1,000원을 기준으로 회사의 자본금을 계산하겠다는 의도입니다. 하지만 액면가가 1,000원이라고 해서 모든 주식을 1주당 1,000원에 발행할 필요는 없습니다. 1주당 3,000원에 발행했다고 해보죠. 그럼 3,000원의 금액 중 1,000원은 자본금으로 분류되지만 나머지 2,000원에 해당하는 금액은 주식발행초과금으로 분류됩니다.

더 실전적인 예시는 다음과 같습니다. 여러분이 창업할 때 100만 원을 투입하면서 액면가 1,000원짜리 주식을 1,000개 발행하였다고 해봅시다. 그럼 자본금만 100만 원이 계상되어 있을 겁니다. 시간이 흘러 회사가 설립 시에 비해 최소 3배 정도 성장했다고 가정해 보죠. 이 시점에서 여러분이 벤처캐피탈로부터 투자를 받고 싶습니다. 총 150만 원을 투자받을 건데, 회사의 성장가치를 반영해서 1주당 3,000원에 발행했다고 해보죠. 발행 주식은 총 500주입니다. 그럼 액면가 1,000원 × 500주 = 500,000원은 자본금에 추가됩니다. 자본금은 여러분이 회사를 설립하면서 넣은 100만 원에 50만 원이 추가되어 150만 원이 됩니다. 벤처캐피탈 투자를 받으면서 받은 150만 원 중 자본금에 들어가는 50만 원을 제외한 나머지 금액 100만 원(2,000원 × 500주)은 주식발행초과금으로 계상됩니다.

여러분 회사의 현 시점 자본금은 150만 원, 자본잉여금은 100만 원입니다. 정관에 명시된 액면가로 (회사가) 투자받은 금액이 150만 원, 그 이상으로 회사의 가치를 인정받아 투자받은 금액이 100만 원인 것이죠.

	자본금	주식발행초과금
내가 넣은 돈	100만원	
외부투자자 돈	50만원	100만원
합계	150만원	100만원

지금 당장 여러분이 기업을 분석하실 때에 자본금과 자본잉여금의 구분이 필요한 것은 아닙니다. 그래서 욕심내기 단원으로 빼기도 하였고요. 하지만 향후 심화 단계로 넘어가 유상증자나 무상증자 등 자본거래를 다루게 되면 이 구분을 필수적으로 해야 할 때가 옵니다. 또한 기업의 지배구조 변동에도 자본잉여금은 종종 요긴하게 쓰이기 때문에 먼 미래에는 꼭 다루시기 바랍니다.

(2) 이익잉여금은 현금이 아니다?

이익잉여금은 기업이 그동안 주주 몫으로 벌어들인 부가가치의 합이라고 말씀드렸습니다. 그러다 보니 이익잉여금이 기업이 유보하고 있는 현금이라고 착각하시는 분들이 꽤 많더군요. **이익잉여금과 현금은 전혀 다른 개념**입니다. 재무제표상에서도 이익잉여금은 자본의 한 항목이고, 현금은 자산의 한 항목입니다.

여러분, 그동안 버신 연봉이 전부 현금으로 남아 있나요? 아니죠. 근로소득은 최소한의 생계비용으로 지출되었을 것이고, 노트북이나 냉장고 등 가전제품에 투자되기도 했을 겁니다. 때로는 자기계발 등 스스로를 위해 투자되기도 하죠. 기업도 마찬가지입니다. 이익잉여금은 그동안 당기순이익이 이만큼 쌓였다는 얘기일 뿐이지, 그게 현금으로 남아 있다는 말이 아닙니다. 벌어들인 현금은 우선 유형자산이나 연구개발에 투자되었을 것이고, 원재료를 구입하였다면 재고자산에 포함되어 있을 겁니다. 남은 돈을 적금에 투자했다면 금융상품에 들어가 있을 것이고요.

같은 맥락에서 유보율을 가지고 각종 대기업이 현금을 쟁여 두고 있다면서 엄청난 비판을 하시는 분들이 있습니다. "유보"라는 단어에 꽂혀서 기업이 그만큼 자원을 주주 등 이해관계자에게 돌려주지 않는다는 것이죠. 삼성전자의 유보율은 자그마치 40,000%입니다. 유보율은 "(자본총계 - 자본금)/자본금"으로 계산하는데, 이를 두고 삼성전자가 주주가 투자한 원금 대비 400배에 달하는 자금을 기업 내에 숨겨 놓고 있다는 주장을 들을 때면 허탈하기 그지없습니다.

진짜 투자자는
자산-부채-자본을 합한다

지금까지 자산, 부채, 자본의 핵심을 배워 보았습니다. 조금만 용기 내어 끝판왕으로 가봅시다. 바로 세 가지를 합쳐서 보는 작업인데요, 어렸을 때 하던 퍼즐놀이를 숫자로 하는 정도라 생각하시면 되겠습니다.

에코프로비엠, 2023년을 빛내다

첫 번째 사례는 바로 2023년 주식시장을 가장 뜨겁게 달궜던 에코프로비엠입니다. 가능하신 분들은 금융감독원 전자공시시스템(dart.fss.or.kr)에 가서서 에코프로비엠의 2023년도 사업보고서를 보고 함께 따라 해 보시면 좋겠습니다.

드라마틱한 비교를 위해 제8기(2023년)와 제6기(2021년), 2년간의 변화를 살펴보겠습니다.

	제 8 기	제 7 기	제 6 기
현금및현금성자산 (주4,5,6,7)	512,656,569,606	320,363,496,754	104,647,514,160
매출채권 (주4,5,6,8)	767,027,416,537	877,390,703,006	247,398,852,899
재고자산 (주11)	1,108,796,935,094	856,392,214,276	339,395,879,322
유형자산 (주12)	1,824,206,859,457	1,003,530,595,126	638,848,527,907
무형자산 (주14)	14,332,525,928	13,428,296,164	12,070,439,194
자산총계	4,361,774,597,751	3,374,166,378,975	1,425,857,751,938 [22]

먼저 자산총계를 볼까요? '21년도 1.4조에서 '23년 4.4조로 약 3조 정도 증가했습니다. 이 3조가 각각 어떤 자산 항목일지 궁금합니다. 앞에서 배운 영업자산 다섯 가지만 우선 보겠습니다.

유형자산은 약 6,000억에서 1.8조로 1.2조 정도 증가했고, 무형자산은 120억에서 140억으로 크게 변하지 않았습니다. 재고자산이 약 3,000억에서 1.1조로 8,000억 정도 증가했습니다. 매출채권은 2,500억에서 7,700억으로 대략 2,000억 정도 늘었고, 현금이 1,000억에서 5,000억으로 4,000억 정도 증가했습니다. 다섯 가지 영업자산의 증가분을 합하면 2.6조 정도 됩니다. 영업자산의 증가분(2.6조)이 전체 자산의 증가분(3조)을 거의 다 설명하는 수준입니다.

....

[22] 2023 에코프로비엠 연결재무상태표 일부 발췌 (단위: 원)

	제 8 기	제 7 기	제 6 기
단기차입금 (주4,5,6,17)	1,072,899,036,950	377,759,412,178	265,000,000,000
유동성장기차입금 (주4,5,6,17)	155,198,910,000	254,121,882,685	91,944,713,489
리스부채 (주4,13)	1,689,665,048	931,971,504	783,252,023
장기차입금 (주4,5,6,17)	592,426,522,838	313,333,330,000	193,475,532,949
리스부채 (주4,13)	3,045,110,049	1,981,769,297	1,972,944,001
부채총계	2,762,382,311,340	1,885,951,251,552	829,712,539,065 [23]

부채로 가 볼까요? 부채는 금융부채와 영업부채를 구분하라고 말씀드렸습니다. 금융부채는 단기차입금이 2,000억에서 1조로 약 8,000억, 유동성장기차입금이 900억에서 1,500억으로 약 600억, 장기차입금이 2,000억에서 6,000억으로 4,000억 증가하였고, 리스부채는 규모가 너무 작아 생략해도 될 듯합니다. 금융부채 증가분의 총합은 1.3조 정도 되겠네요. 부채총계가 8,000억에서 2.8조로 2조 정도 증가했으니 굳이 세어 보지 않아도 영업부채는 7,000억 정도 증가했을 겁니다.

	제 8 기	제 7 기	제 6 기
보통주 (주21)	48,940,909,000	48,940,909,000	11,459,733,000
주식발행초과금 (주21)	877,452,591,737	877,452,591,737	292,925,416,007
기타포괄손익누계액 (주23)	11,432,859,506	(7,353,561,026)	7,248,109
기타자본항목 (주23)	58,307,350,992	12,160,192,314	23,304,368,387
이익잉여금 (주24)	375,341,057,003	432,243,505,289	224,002,742,753
비지배지분 (주36)	227,917,518,173	124,771,490,109	44,445,704,617
자본총계	1,599,392,286,411	1,488,215,127,423	596,145,212,873 [24]

....

[23] 2023 에코프로비엠 연결재무상태표 일부 발췌(단위: 원). 자료에서 기재한 금융부채로 제외한 모든 부채는 영업부채로 간주.

[24] 2023 에코프로비엠 연결재무상태표 일부 발췌(단위: 원). 자료에서 '비지배지분'에 대한 설명은 본 책에서는 생략함.

자본은 어떨까요? 주주가 낸 원금(자본금+자본잉여금)과 이익잉여금으로 구분하라고 말씀드렸습니다. 에코프로비엠은 '21년 자본금이 100억에서 '23년 500억, 자본잉여금이 3,000억에서 8,700억으로 5,700억 늘었으니, 주주가 준 원금만 6,000억 정도 증가했습니다. 이익잉여금은 2,200억에서 3,700억으로 1,500억밖에 증가하지 않았습니다.

합쳐 볼까요? 금융부채가 1.3조, 영업부채가 7,000억, 주주원금이 6,000억, 이익잉여금이 1,500억 증가했습니다. 어떤가요? 네 가지 자금조달 출처의 합이 딱 3조 정도 됩니다. 자산총계의 증가분과 일치하죠.

(단위: 억원)	2023	2021	변화분		2023	2021	변화분
현금	5,126	1,046	4,080	금융부채	18,203	5,503	12,700
매출채권	7,670	2,473	5,197	영업부채	9,420	2,794	6,626
재고자산	11,087	3,393	7,694	부채총계	27,623	8,297	19,326
유형자산	18,242	6,388	11,854				
무형자산	143	120	23	주주원금	9,263	3,043	6,220
영업자산 합	42,268	13,420	28,848	이익잉여금	3,753	2,240	1,513
비영업자산 합	1,349	838	511	자본총계	15,993	5,961	10,032
자산 총계	43,617	14,258	29,359	부채자본 합	43,616	14,258	29,358

에코프로비엠의 지난 2년을 스토리로 풀어 보면 다음과 같습니다. 에코프로비엠은 2차전지의 핵심 소재인 양극재를 생산하는 기업입니다. 전기차 산업의 성장성이 두드러지면서 2차전지 산업도 함께 성장했고, 양극재도 당연히 그 성장세를 공유했습니다. 늘어

나는 수요에 대응하기 위해 공장(유형자산)을 엄청 지어야 했고, 확장되는 영업규모에 맞게 재고자산 역시 빠르게 확충했습니다. 성장이 우선인 상황이다 보니 당장 고객이 현금을 지급하지 않아도 일단 만든 물건을 빠르게 판매하기 바빴고, 그 과정에서 외상대금(매출채권)이 많이 잡혔습니다. 여기저기 나갈 돈도 많으니 현금도 크게 충당해야 했을 겁니다. 이러한 성장과정에 필요한 돈을 에코프로비엠은 다음과 같이 조달합니다. 은행에서 1.3조를 빌리고, 자신들이 원재료를 사 오는 거래처에서 외상으로 7,000억어치를 땡겨 옵니다. (현금을 빌려 온 것이 아닙니다.) 그렇게 해도 성장세를 감당하기에는 돈이 부족합니다. 아직 기업이 완벽하게 성장하지 않았으므로 이익잉여금이 늘어나는 속도는 더딜 겁니다. 어쩔 수 없이 주주들한테 돈을 받아야겠네요. 주주에게 원금을 1조 가까이 받아 내면서 성장을 위한 자금을 모두 마련합니다.

SK하이닉스, 너무나 힘들었던 2023년

반대로 2023년 실적 기준 최악의 한 해를 보낸 기업도 있습니다. 반도체 경기가 꺾이면서 사상 최대 적자를 기록한 SK하이닉스입니다. 이 기업은 2021년부터 2023년까지 어떤 2년을 보냈는지 함께 볼까요?

	제 76 기	제 75 기	제 74 기
현금및현금성자산 (주5,6)	7,587,329	4,977,007	5,057,982
매출채권 (주5,6,8,32)	6,600,273	5,186,054	8,267,111
재고자산 (주9)	13,480,659	15,664,707	8,950,087
유형자산 (주12,15,33)	52,704,853	60,228,528	53,225,667
무형자산 (주14)	3,834,567	3,512,107	4,797,162
자산총계	100,330,165	103,871,512	96,346,525

[25]

2021년 자산총계는 96조, 2023년은 100조입니다. 2년간 4조 증가했습니다. 앞에서와 동일하게 영업자산으로 가시죠. 유형자산은 52~53조를 유지하면서 외려 소폭 감소했습니다. 무형자산 역시 4.7조에서 3.8조로 1조 감소했고요. 재고자산은 9조에서 13조로 4조 증가했습니다. 매출채권이 8.2조에서 6.6조로 1.6조 감소했네요. 현금만 5조에서 7.5조로 2.5조 증가했습니다. 다섯 가지 영업자산의 변동 합이 딱 4조입니다.

	제 76 기	제 75 기	제 74 기
유동 차입금 (주5,6,17,32,33)	9,857,189	7,423,247	2,880,763
유동 리스부채 (주5,6,13,32)	631,497	280,873	302,059
비유동차입금 (주5,6,17,33)	19,611,443	15,571,357	14,743,046
비유동리스부채 (주5,6,13,32)	2,398,377	1,516,208	1,223,703
부채총계	46,826,413	40,580,970	34,155,467

[26]

....

25 2023 SK하이닉스 연결재무상태표 일부 발췌 (단위: 백만 원)
26 2023 SK하이닉스 연결재무상태표 일부 발췌 (단위: 백만 원)

금융부채는 (유동)차입금이 2.8조에서 9.8조로 7조 증가, (비유동) 차입금이 14.7조에서 19.6조로 5조 증가, (유동)리스부채가 3,000억에서 6,000억으로 0.3조 증가, (비유동)리스부채가 1.2조에서 2.4조로 1.2조 증가했습니다. 합쳐서 13.5조 정도가 증가했네요. 부채총계는 34조에서 46.8조로 약 13조 증가했으니 영업부채는 대략 0.5조 (13조－13.5조) 정도 감소했을 겁니다.

	제 76 기	제 75 기	제 74 기
자본금 (주23)	3,657,652	3,657,652	3,657,652
자본잉여금 (주23)	4,372,559	4,336,170	4,334,643
기타자본 (주23,35)	(2,269,294)	(2,311,409)	(2,294,562)
기타포괄손익누계액 (주23)	1,014,055	898,682	675,271
이익잉여금 (주24)	46,729,313	56,685,260	55,784,068
비지배분	(533)	24,187	33,986
자본총계	53,503,752	63,290,542	62,191,058

[27]

　자본금과 자본잉여금은 그대로이니 새로 주주에게 투자를 받지는 않았습니다. 대신 이익잉여금이 55.7조에서 46.7조로 9조 감소했습니다.

　금융부채 13.5조 증가, 영업부채 0.5조 감소, 이익잉여금 9조 감소를 합하면 딱 +4조입니다. 자산총계의 움직임(4조)을 거의 다 설명합니다.

....

27　2023 SK하이닉스 연결재무상태표 일부 발췌 (단위: 백만 원)

(단위: 억원)	2023	2021	변화분		2023	2021	변화분
현금	75,873	50,579	25,294	금융부채	324,982	191,494	133,488
매출채권	66,002	82,671	- 16,669	영업부채	143,282	150,060	- 6,778
재고자산	134,806	89,500	45,306	부채총계	468,264	341,554	126,710
유형자산	527,048	532,256	- 5,208				
무형자산	38,345	47,971	- 9,626	주주원금	80,301	79,922	379
영업자산 합	842,074	802,977	39,097	이익잉여금	467,293	557,840	- 90,547
비영업자산 합	161,227	160,488	739	자본총계	535,037	621,910	- 86,873
자산 총계	1,003,301	963,465	39,836	부채자본 합	1,003,301	963,464	39,837

 SK하이닉스의 2년 역시 스토리로 풀어 볼까요? 약간의 배경지
식을 더해 풀어 보겠습니다. 극심한 반도체 불황 속에서 기업은 공
장(유형자산)에 새롭게 투자하지 못했습니다. 반도체 재고가 팔리
지 않으니 급격하게 증가했고, 어떤 불확실성이 생길지 모르니 현
금을 빠르게 확충해야 했습니다. 하지만 적자 국면에서 이익잉여
금이 쌓일 리 없었고, 그렇다고 SK하이닉스 같은 큰 기업이 새롭게
주주들한테 돈을 받아 내자니 부담이 됐습니다. 어쩔 수 없이 과감
한 차입금을 조달하기로 결정합니다. 그게 자그마치 16조였던 것
이죠.

 자산 - 부채 - 자본까지는 따라올 만했는데 세 가지를 합치니까
갑자기 당황스러우셨죠? 괜찮습니다. 처음부터 이 정도 수준의 분
석을 이끌어 내지 못하셔도 전혀 문제 될 것 없습니다. 다만, 경영
진이 회사를 어떻게 운영하는지 재무상태표를 통해 이렇게까지도
분석할 수 있구나 하는 걸 보여 드리고 싶었습니다.
 경험상 딱 세 번입니다. 세 개의 기업에 대해서 혼자 분석해 보시

I. 기업을 이겨라

면 '대략 이런 느낌이구나' 감을 잡으시리라 확신합니다. 분석하기 좋은 기업을 물어보신다면 두산테스나, 한화에어로스페이스, 삼양식품을 권장해 드리겠습니다. 매수 추천이 아닌 '공부해 볼 만한 기업'임을 강조합니다.

적어도 투자를 하실 때에는 모든 것에 기준을 세우는 습관을 들이시면 좋겠습니다. 실수를 줄이는 것은 나의 주관을 최소화하는 것에서 출발합니다. 참 어렵고 부담스러운 기업분석임에도 불구하고 제가 굳이 기업분석을 숫자 위주로 드리는 이유도 바로 여기에 있습니다.

내가 산 기업의 주가가 10% 떨어졌습니다. 장 분위기가 좋고, 수익률이 크게 꺾이지 않은 상황이라면 별 망설임 없이 추가매수가 나갈 겁니다. 하지만 같은 하락률에도 장 분위기가 별로거나, 여러분이 느닷없이 두려운 순간에는 이상하게 손절이 나가게 됩니다. 같은 현상에 대해 그때그때 다르게 반응한다면 여러분은 "일관된 투자"를 할 수 없게 됩니다. **일관된 투자를 하기 위해서 꼭 필요한 것이 바로 "기준"입니다.**

기업을 분석하실 때에도 처음에는 기준을 세워 두시면 좋겠습니다. '나는 ROE가 3년 이상 15% 이상인 기업을 먼저 보겠다', '영업이익률이 최소 8% 이상인 기업을 골라야겠다', '이자보상배율은 무조건 8배 이상이어야 한다', '적어도 계산된 적정주가보다 20% 이상 비싸지 않은 기업을 고르겠다' 등 최대한 그때그때의 판단을 여러분의 감정으로부터 멀리 떨어뜨려 놓으십시오.

분석을 끝내고 계좌를 운용하실 때에도 마찬가지입니다. '나는 무조건 10분할 매수를 하겠다', '나는 15% 이상 하락하기 전까지는 손절을 절대 하지 않겠다', '내가 계산한 적정주가보다 30% 이상 저평가되어 있을 때에는 무조건 천천히 추가매수에 들어가겠다' 등 매수/매도 역시 기준을 정해 두시면 좋겠습니다. 기업분석에 비중을 크게 두지 않으시고 트레이딩을 위주로 하시는 분들께도 똑같이 적용되는 이야기입니다. '차트와 거래량이 이런 모양일 때에만 움직이겠다', '주가가 20일 이동평균선을 깨기 전에는 손절하지 않겠다' 등 모든 순간에 여러분의 주관이 계좌에 개입되지 않도록 주의하십시오.

투자자가 세우는 규칙에는, 적어도 인간의 합리성에 크게 벗어나지 않는 이상, 정답은 없습니다. 규칙을 따랐을 때의 결과는 그때그때 다릅니다. 올해 잘 들어맞았던 규칙이 내년에는 잘 안 맞을 수 있습니다. 하지만 그 규칙이 "일관적으로" 지켜져야 여러분이 그 규칙의 정합성을 "평가"할 수 있습니다. 정말 일관적으로 지켰는데 그 규칙이 가져다준 수익률이 생각보다 저조하다면, 그때 바꿔도 늦지 않습니다. 다만, **바꾸기 위해서는 먼저 그 규칙을 충실히 따라 봐야 한다**는 것을 절대 잊지 마십시오.

손익계산서,
당신이 너무나 사랑하는 실적

재무제표를 공부하지 않은 주린이분들도 손익계산서는 한 번쯤 보셨을 겁니다. 손익계산서를 다 보지 않으시더라도 적어도 매출과 영업이익 정도는 찾아보셨으리라 생각합니다. (매출과 영업이익도 찾아보지 않고 투자를 해 오셨다면 꼭 반성하시기 바랍니다.^^) 재무상태표나 현금흐름표에 비해 용어가 직관적이라서 용기를 내신 것이 아닐까 짐작하는데요, 하지만 직관적이기 때문에 주린이분들께서 손익계산서에 대해서 크게 오해하고 계신 부분이 몇 가지 있습니다. 이번 장을 통해서 하나씩 짚어 보도록 하겠습니다.

손익계산서 기본 구조

먼저 손익계산서의 기본적인 구조를 배워 볼까요? 치킨집 예시를 보다 구체적으로 풀어 보죠.

매출	Revenue
(−) 매출원가	Cost of Goods Sold
매출총이익	Gross Profit
(−) 판관비	Selling, General, Administrative
영업이익	Operating Income (EBIT)
(+)/(−) 기타수익/비용	Other Income/Expense
(+)/(−) 금융수익/비용	Interest Income/Expense
법인세차감전순이익	Earnings Before Tax (EBT)
(−) 법인세비용	Provision for Tax
당기순이익	Net Income

매출은 기업의 제품과 서비스가 얼마나 "팔렸는지"를 알려 주는 지표입니다. 저희 투자자들은 보통 대부분의 숫자를 가격과 수량의 곱으로 표현하는데, 매출이야말로 여러분들께서 공부가 깊어지시면 꼭 가격과 수량의 곱으로 나눠서 분석해야 하는 항목입니다. 기업의 매출이 증가했다면, 판매가격이 상승해서 증가한 것인지, 판매량이 상승해서 증가한 것인지 꼭 확인하시기 바랍니다.

앞에서도 말씀드린 것처럼 주린이 여러분들께서 매출원가와 판관비를 구분하는 것은 당장에 실익이 없습니다. **두 항목을 합쳐 장사하는 데 들어간 비용, 영업비용**이라고 생각하시면 됩니다.

매출에서 영업비용을 빼면 영업이익이 나오고, **단기적으로는 그때그때 발표되는 영업이익에 따라 주가가 많이 움직이는 편입니다.** 그럼에도 불구하고 신중하고 건강하게 투자하고 싶으신 주린이라면 영업이익만 보시면 절대 안 되겠습니다. 매출과 영업이익, 그리고 뒤에 다룰 세전이익과 당기순이익이 각각 어떤 맥락에서 어떻게 중요한지를 꼼꼼히 알고 계셔야 여러분의 실수를 줄이고 수익률을 높이실 수 있습니다.

앞에서는 탕후루의 사례를 통해 영업외손익을 소개해 드렸습니다만, 실제 재무제표는 조금 더 디테일하게 구성되어 있습니다. 영업외손익은 기타수익(+), 기타비용(−), 금융수익(+), 금융비용(−)으로 구성되어 있습니다.

일반적으로 기타수익과 기타비용은 금액이 그리 크지 않으며, 크더라도 일회성인 경우가 많습니다. 굳이 기타수익과 기타비용의 항목을 분석하시느라 애를 쓰지 않으셔도 됩니다. 금융수익 역시 기업이 엄청난 규모의 금융자산을 보유하고 있지 않은 이상 지속적으로 크게 잡히는 항목은 아니기에 넘어가서도 됩니다.

딱 하나, 영업외손익에서 보셔야 하는 것이 바로 "금융비용"입니다. 앞에서 기업이 사업을 하기 위해 자금을 조달할 때 그 자금의 종류에는 딱 두 가지가 있다고 말씀드렸죠. 남의 돈과 내 돈입니다. 문제는 남의 돈을 끌어다 쓸 때에는 대가를 치러야 한다는 점입니다. 바로 이자비용이고, 이 이자비용이 금융비용에 포함되어 있습니다. 앞에서 분석했던 금융부채와 이자비용을 비교하면 기업이 평균적으로 어느 정도 이자율에 자금을 차입하고 있는지 알 수 있겠죠?

영업이익에 기타수익/비용과 금융수익/비용을 가산/차감하고 나면 세금을 내기 전의 이익, 세전이익이 나옵니다. 실제 손익계산서에는 "법인세차감전순이익"이라는 요상한 용어로 되어 있겠습니다만, 용어에 휘둘리지 않으셔도 됩니다.

세전이익에서 법인세까지 내고 나면 회사의 주주가 최종적으로 가져가는 당기순이익이 남고, 이 당기순이익에서 매년 주주에게 지급할 배당을 제외한 금액이 재무상태표의 자본, 그중에서도 "이익잉여금"에 귀속된다는 것은 앞에서도 언급해 드렸습니다.

결국 이런 겁니다. 장사해서 얼마를 벌었다! 매출입니다. 여기서 장사하는 데 들어간 영업비용을 제하면 장사해서 남은 돈, 영업이익이 나오죠. 하지만 여기서 은행에 낼 이자비용(금융비용)을 빼고, 거기서 세금까지 내야 최종적으로 치킨집 사장님으로서 여러분이 가져갈 최종이익, 당기순이익이 남는 것이죠.

이렇게 손익계산서의 기본적인 구조에 대해서 말씀드렸는데요, 딱히 오해할 만한 구석이 없어 보이기도 합니다. 지금부터 여러분을 주린이에서 벗어나게 할 손익계산서 분석 포인트 두 가지를 소개하겠습니다.

분석 포인트 하나: 고정비와 변동비

가장 중요한 것이 비용구조 분석입니다. 매출만 신경 쓰면 되지, 비용을 군이 왜 따로 봐야 하냐고요? 기업의 가치는 결국 이익으로 설명되기 때문입니다. 아무리 매출이 많이 나도 그만큼 비용을 써서 이익이 하나도 남지 않는다면 장기적으로 그 기업의 주가는 상승하기 어렵습니다. 결국 매출에 비해 영업이익이 높게 나와야 합니다. **영업이익률(=영업이익/매출)이 높아야 한다**는 말씀입니다.

나아가 우리가 궁금한 것은 기업의 과거와 현재 영업이익률이 아닙니다. 미래의 영업이익, 영업이익률이 궁금합니다. 기업의 과거 영업이익률 추이를 보면 대략 알 수 있지 않냐고요? 천만의 말씀, 만만의 콩떡입니다. 다음 표에 나오는 수치는 SK하이닉스의 연도별 영업이익률입니다.

IFRS(별도)	2019/12	2020/12	2021/12	2022/12	2023/12
영업이익률 ?	10.07	15.71	28.86	15.26	-23.59

28 SK하이닉스 연도별 영업이익률 추이. 연도별 편차가 굉장히 크다. (출처: comp.fnguide.com)

이 수치를 보고 SK하이닉스의 미래 영업이익률을 추정하는 게 가능할까요? 과거 영업이익률의 평균을 낸다고 해도 너무 편차가 큽니다. 그렇다면 어떻게 기업의 미래 영업이익률을 추정할 수 있을까요?

정답은 **변동비와 고정비의 구분**입니다. 앞에서 매출원가와 판관비를 합쳐서 영업비용이라고 생각하라고 말씀드렸습니다. 재무제표 주석에 가서서 "비용의 성격별 분류"를 검색해 보시면 영업비용이 색다르게 구분되어 있는 것을 확인하실 수 있습니다. 원재료비용, 인건비, 감가상각비 등 회계의 관점이 아닌 이용자의 관점에서 비용 항목을 다시 나열해 두었습니다. 여러분이 하셔야 하는 것은 이 비용 항목들을 변동비와 고정비로 구분하는 것입니다.

변동비는 매출의 증감과 연동되는 비용입니다. 매출이 증가할 때 따라서 증가하고, 매출이 감소하면 함께 감소합니다. 보통 원재료비용, 판매수수료, 수출입비용, 운반비 등을 변동비로 구분합니다. 변동비는 매출이 발생할 때 항상 일정 퍼센트만큼은 타고 나갈 것이므로 **매출 대비 변동비(변동비율)**를 파악하는 것이 중요합니다.

고정비는 매출의 증감과 상관없는 비용입니다. 대표적으로 감가상각비, (단기적으로) 인건비, 광고선전비 등이 포함됩니다. 고정비는 매출의 증가/감소 여부와 상관없이 항상 일정 금액이 유지되거나 점진적으로 증가하는 경향이 있습니다.

대체 변동비와 고정비를 구분하는 것이 왜 중요할까요? 다음의 공식을 살펴보시죠.

$$영업이익 = 매출 \times (1 - 변동비율) - 고정비$$

변동비율이 높은 기업이라면 매출이 아무리 많이 나도 영업이익이 크게 성장하기 어렵습니다. 변동비율만큼 변동비가 그대로 따라붙기 때문입니다. 이런 기업은 변동비율을 줄여야 영업이익이 크게 성장할 수 있고, 여러분은 그게 가능한지 살펴보셔야 합니다. 판매 가격은 유지하면서 원재료 가격은 하락하는 경우가 대표적인 사례입니다.

고정비 비중이 큰 기업이라면 그 기업의 영업이익은 사실상 매출이 결정합니다. 고정비를 넘어서는 매출분에서 최소한의 변동비만 제외하면 영업이익으로 이어지기 때문입니다. 그렇다면 어떤 상황에서 매출이 증가할 수 있는지 알아보는 것이 필수겠죠?

ー고정비는 작고 변동비 비중이 큰 기업

실제 사례를 통해 공부해 보시죠. 먼저 코스닥에 상장된 한국알콜이라는 기업입니다.

	(2023.1.1~2023.12.31)	
매출액	438,274,113,703	
영업이익	21,881,585,998	29

매출	438,274,113		변동비율	고정비합
재고자산의 변동	-7,650,757	변동비	-1.7%	
원재료 및 상품매입액	328,501,739	변동비	75.0%	
감가상각 및 무형자산 상각	13,073,477	고정비		
종업원급여	25,651,486	고정비		
수도광열비	31,103,114	변동비	7.1%	
소모품비 등	2,205,106	고정비		
수선유지비	5,413,744	고정비		
운반비	5,083,047	변동비	1.2%	
판매부대비	355,386	변동비	0.1%	
지급수수료	8,158,824	변동비	1.9%	
기타비용	4,497,362	고정비		
합 계	416,392,528		83.4%	50,841,175
영업이익	21,881,585			

2023년 기준 매출은 4,382억, 영업비용이 4,163억 들어 영업이익이 약 219억 났습니다. 하지만 이건 이미 지나간 숫자이고, 우리는 '24년, '25년도 영업이익이 필요합니다. 이를 위해 "비용의 성격별 분류"에서 영업비용 내역을 모두 가져왔습니다. 매출에 연동되는 변동비와 그렇지 않은 고정비를 분류해 볼까요?

....

29 2023 한국알콜 요약손익계산서 (단위: 원)
30 2023 한국알콜 손익분석 (단위: 천 원)

변동비는 원재료, 재고변동(회계적인 처리입니다), 수도광열비(공장 가동), 운반비, 판매부대비, 지급수수료로 정리됩니다. '23년도 기준 매출에 비해 도합 83.4% 정도가 타고 나갔네요. 물론 이 기업은 에틸알코올을 바탕으로 화학제품을 만들기 때문에 원가변동이 앞으로 종종 있겠지만, 대략 83% 정도의 비용이 매출이 얼마가 나든 지출될 것이라는 분석을 할 수 있습니다.

고정비는 인건비, 감가상각비 등 변동비를 제외한 나머지 508억의 항목입니다. 앞으로 기업이 성장하면서 이 508억은 조금씩 상승하겠지만 매출과 연동되지는 않을 겁니다.

그럼 이 기업의 미래 영역이익은 **"매출 × (1 − 83.4%) − 508억"** 정도로 정리할 수 있겠네요. 한국알콜은 상대적으로 고정비는 작고 변동비 비중이 큰 기업입니다. 이 회사는 매출을 많이 내는 것이 능사가 아닙니다. 어차피 매출을 늘려 봤자 80% 넘게 변동비로 빠져나가기 때문이죠. 즉, 이 기업의 영업이익이 크게 개선되려면 변동비율(83.4%) 자체가 감소해야 합니다. 판가와 원가 사이의 스프레드가 벌어져야 하는 것이죠.

− 변동비가 작고 고정비 비중이 큰 기업

반대로 고정비 비중이 높은 기업을 찾아볼까요? 앞에서 보여드린 SK하이닉스입니다.

매출	32,765,719		변동비율	고정비합
제품 및 재공품의 변동	1,769,061	고정비		
원재료, 저장품 및 소모품 사용	9,547,151	변동비	29.1%	
종업원급여	5,406,915	고정비		
감가상각비 등	13,619,161	고정비		
지급수수료	3,133,975	변동비	9.6%	
동력 및 수도광열비	2,563,624	변동비	7.8%	
수선비	1,763,270	고정비		
외주가공비	1,496,271	변동비	4.6%	
기타영업비용	1,534,757	고정비		
대체: 개발비자산화 등	−338,153	고정비		
합 계	40,496,032		51.1%	23,755,011
영업이익	−7,730,313			

³¹

　　SK하이닉스는 2023년 매출이 32.7조였으나 영업비용이 40.5조가 들어 안타깝게도 적자 7.7조를 기록합니다. 왜 그랬을까요?

　　변동비는 원재료비, 지급수수료, 동력/광열비(공장가동비) 정도입니다. 매출에 비해 51%밖에 타지 않습니다. 2023년도가 엄청난 반도체 불황이었음을 감안하면 다른 시기에는 변동비율이 더 낮았을 겁니다. 한국알콜의 변동비율이 80%가 넘어가는 것을 감안하면 변동비가 정말 들지 않는다는 것을 느끼실 겁니다.

　　대신 고정비가 자그마치 23.7조가 나갑니다. 그중 대부분이 감가상각비입니다. 감가상각비는 매출이 늘든 줄든 항상 비슷한 비

31　2023 SK하이닉스 손익분석 (단위: 백만 원)

용이 지출됩니다. 오히려 SK하이닉스가 공장 캐파를 늘리면 향후 감가상각비가 늘어나죠.

　SK하이닉스의 영업이익은 **"매출 × (1 − 51.1%) − 23.7조"**로 정리됩니다. 2023년 반도체 불황의 여파로 하이닉스의 매출이 급격히 감소하였고, 32조라는 매출로는 고정비를 충분히 커버하지 못했던 겁니다. 반도체 산업은 원재료 비중이 그리 큰 산업이 아닙니다. 대표적인 설비집약적 산업으로, 감가상각비를 커버하고 남을 정도의 매출이 발생하면 상당 금액이 영업이익으로 귀속됩니다. 그만큼 경기 변동 및 매출 변동에 따른 영업이익의 변동이 크다는 의미입니다. 2023년은 매출이 크게 감소하면서 영업적자를 면하지 못했지만, 추후 반도체 업황이 반등함에 따라 매출이 증가하면 SK하이닉스의 영업이익은 정말 큰 폭으로 개선될 가능성이 농후합니다. 실제로 글을 쓰고 있는 2024년 1~2분기 SK하이닉스의 영업이익은 굉장히 빠르게 개선되고 있습니다.

　같은 방식으로 더 극단적인 사례를 공부해 볼까요? 이번에는 제가 최소한으로 개입해 볼 테니, 여러분들께서 직접 해보시면 좋겠습니다. 반도체 파운드리 기업, DB하이텍입니다.

매출	1,154,223		변동비율	고정비합
제품 및 재공품의 변동	-2,914	변동비	-0.3%	
원재료 사용액	181,921	변동비	15.8%	
종업원급여	204,261	고정비		
감가상각비	128,137	고정비		
무형자산상각비	5,272	고정비		
수선비	49,630	고정비		
소모품비	28,646	고정비		
전력비	60,183	변동비	5.2%	
지급수수료	82,550	변동비	7.2%	
용역비	45,135	변동비	3.9%	
기타 비용	105,965	고정비		
합 계	888,786		31.8%	521,911
영업이익	265,437			

2023년 DB하이텍은 매출 1.15조, 매출원가와 판관비를 합쳐 8,887억을 지출하여 2,654억의 영업이익을 창출했습니다. 이 기업의 전체 변동비율은 32%가 채 되지 않습니다. 매출이 발생할 때마다 그에 대응하여 잡히는 비용이 굉장히 작다는 이야기입니다. 대신 5,000억이 넘는 고정비가 지속적으로 발생합니다. 반도체 파운드리 산업을 이해하시면 바로 감이 오실 텐데요, 특히 막대한 공장 설비로부터 발생하는 유형자산 감가상각비가 고정비의 상당 부분을 차지합니다. **"영업이익 = 매출 × (1 − 31.8%) − 5,219억"**으로 정리되네요.

....

32 2023 DB하이텍 손익분석 (단위: 백만 원)

앞에서 말씀드린 것처럼 고정비 비중이 큰 DB하이텍은 매출 변동에 따라 영업이익 변동이 굉장히 심할 것을 예상해 볼 수 있습니다. 실제로 손익계산서를 보시면 2022년 매출 1.67조에 영업이익 7,618억을 기록했던 회사가 2023년 매출이 1.15조로 감소하면서 영업이익은 2,654억으로 감소한 것을 보실 수 있습니다. 매출이 5,000억 감소할 때 영업이익이 딱 5,000억 감소했네요. 만약 이 회사가 변동비 비중이 컸다면 매출 감소에 따른 영업이익 감소 폭이 저렇게 드라마틱하지는 않았을 겁니다.

분석 포인트 둘: 영업이익 vs 당기순이익

주린이분들께서 꼭 가져가셔야 하는 것이 바로 당기순이익의 중요성입니다. 많은 분들이 당기순이익에는 일회성 기타수익 등이 포함되어 있기 때문에 영업의 지속성을 보기 위해서는 당기순이익이 아닌 영업이익을 봐야 한다고 주장하십니다. 물론 아주 일부 동의할 수 있습니다. 실제로 당기순이익은 변동성이 커서 추세를 파악하기 어렵기도 하고, 기업의 주된 영업의 실적은 영업이익을 통해서 더 잘 알 수 있는 것도 사실입니다. 하지만 그럼에도 불구하고 **여러분은 주식시장에서 평가하는 기업의 가치가 당기순이익으로 결정된다**는 것을 기억하셔야 합니다. 결국 주주는 당기순이익을 가져가기 때문입니다.

　기업이 사업을 잘해서 영업이익 1,000억을 벌었다고 합시다. 그런데 영업을 하기 위해서 부채를 과도하게 가져다 써서 이자비용만 1년에 500억이 들어간답니다. 그럼 아무리 영업이익을 많이 벌었어도 세전이익은 500억에 불과할 겁니다. 여기서 법인세 20%를 차감하면 400억 정도밖에 안 남습니다. 장사해서 번 돈 1,000억의 절반이 채권자(이자비용)한테 빠지고, 주주는 고작 400억에 만족해야 하는 것이죠.

　주식시장의 주인공은 주주입니다. 물론 영업이익이 크면 당기순이익이 클 확률이 높아집니다. 하지만 보장해 줄 수는 없습니다. 영업이익의 매력이 당기순이익으로까지 이어지는지 꼭 확인하시면 좋겠습니다.

손익계산서 에서 욕심내기

(1) 팔았다고 현금이 아니다

기업의 매출이 증가하면 일단 좋아하는 분들이 있습니다. 매출이 잡혔다면 비용도 잡혔을 것이고 그에 따라 영업이익도 증가했을 테지요. 하지만 **매출이 늘었다고 기업이 "돈"을 번 것은 아닙니다.** 왜 그럴까요?

회계가 매출을 인식하는 시점은 기업이 고객으로부터 돈을 받았을 때가 아닙니다. 조금 난해한 말로는 **"수행의무가 이행되었을 때"** 매출을 잡습니다. 이게 당최 무슨 말일까요?

여러분이 이 책을 보고 기업분석에 관심이 생겨 제게 수강요청을 주셨다고 해봅시다. 약 4회에 걸쳐서 200만 원에 해당하는 커리큘럼을 신청했다고 하시죠. 이때 케빈베스트먼트는 언제 200만 원 매출을 잡을까요?

정답은 "제가 여러분께 강의를 전달했을 때"입니다. 매주 손익계산서를 작성한다고 가정하면, 1주 차 수업이 끝났을 때 50만 원, 2주 차 수업이 끝났을 때 또 50만 원을 잡아 4주가 지나면 누적 매출 200만 원이 잡히는 것이죠. 이 시점은 수강생분들이 제게 현금을 결제해 주시는 시점과는 전혀 다릅니다.

만약 4주 치에 해당하는 강의료를 선불로 주셨다고 해볼까요? 저는 돈은 받았지만 아직 강의를 드리지 않았습니다. 매출을 잡을 수 없죠. 그럼 지금 제가 받은 200만 원은 재무제표 관점에서 아직 제 돈이 아닙니다. 그럼 케빈베스트먼트는 선수금이라고 하는 부채 200만 원을 잡아야 합니다. 그리고 매주 강의를 드릴 때마다 매출 50만 원을 잡으면서 부채에서 선수금이 50만 원씩 감소할 겁니다.

반대로 후불제로 강의를 해볼까요? 1주 차 강의가 끝났습니다. 케빈베스트먼트는 매출 50만 원을 잡았는데 아직 고객이 현금 결제를 하지 않았습니다. 그럼 현금 대신 자산에 매출채권을 50만 원 잡게 됩니다. 2주 차가 끝나면 매출채권이 100만 원이 되겠지요. 4주간의 강의가 훌륭히 끝나고 200만 원을 결제하시면 케빈베스트먼트의 재무상태표 자산에서 매출채권 200만 원이 비로소 사라지면서 현금 200만 원이 생깁니다.

이러한 이유 때문에 여러분이 손익계산서만 보시면 안 된다고 누누이 강조드리는 겁니다. 기업이 매출을 인식하는 시점과 별개로 현금이 일찍 들어오기도 하고 나중에 들어오기도 합니다. 현금이 일찍 들어오는 경우는 아무도 걱정하지 않습니다. **문제는 현금이 나중에 들어오는 경우**죠.

손익계산서상 매출과 영업이익이 잡혔다 하더라도 현금이 들어오지 않았다면 매출채권이 증가했을 겁니다. 현금흐름표 파트에서 자세하게 말씀드리겠습니다만, 손익계산서는 예뻐 보이지만 매출채권의 증가로 인해 현금흐름(장사해서 번 진짜 현금)은 생각보다 암울할 겁니다.

기업분석은 손익계산서에서 끝나면 안 됩니다. 표면적인 손익이 실제 현금으로 기업의 통장으로까지 이어지는지 확인하십시오. **기업은 적자가 나서 망하는 것이 아닙니다. 현금이 없어서 망합니다.**

(2) 매출 많이 내도 안 좋을 수 있다 : 가격 vs 수량

현금흐름에 문제가 없이 매출이 잘 나왔다면 그저 긍정적으로 해석할 수 있을까요? 안타깝게도 조금 더 명징한 분석을 위해서는 매출 자체에 대해서도 의심해 보셔야 합니다.

매출은 기업이 판매하는 "제품의 평균 가격 × 판매량"으로 결정됩니다. 매출이 상승했다면 판매가격과 판매량 둘 중 어느 한 개 이상의 변수가 증가했을 겁니다. 그럼 가격이 상승해서 매출이 증가한 경우와 판매량이 올라 매출이 증가한 경우 중 어느 것이 더 건강하다고 이해해야 할까요?

직관적으로 가장 먼저 떠오르는 대답은 판매가격입니다. 판매가격이 오르면 동일한 판매량을 가지고도, 즉 제품을 굳이 더 많이 생산하지 않고도 매출을 올릴 수 있으니 보다 효율적이라고 생각할 수 있습니다. 하지만 여러분이 놓치고 계신 것이 있습니다. 한국 기업들은 중간재적 성격의 사업을 영위하는 경우가 많습니다. 따라서 판매가격을 올리는 경우는 원가가 올라서 어쩔 수 없이 원가 상승분의 일부를 판가에 전이하는 경우가 대다수입니다. 이 경우 원가가 20% 오를 때 판가는 10~15% 인상에 그치는 경우가 많아 기업의 마진은 실질적으로 하락하게 됩니다. 비자발적인, 그리고 불완전한 판가 인상으로 인한 슬픈 매출 상승인 것이죠. 향후 원가가 하락하면 다시 판가가 하락하면서 매출이 원래 수준으로 돌아가는 경우가 많다는 점까지 고려하면 이러한 매출 상승으로 시장이 들뜰 때 우리는 신중히 상황을 관망해야 합니다.

보통은 판매량이 상승해서 매출이 증가하는 것이 더 건강합니다. 물건을 더 만들었고, 그 물건을 실제로 고객이 더 많이 사 갔다는 것이기 때문에 어떤 이유에서든 제품에 대한 수요가 증가했다고 이해할 수 있습니다. 보다 펀더멘탈적으로 기업의 체력이 증진된 것이죠. **꾸준하게 판매량이 증가하는 기업이야말로 진짜 성장하는 기업**임을 잊지 마십시오.

물론 원가가 그대로인데 판가를 인상할 수 있다면, 그리고 이러한 가격 인상을 지속할 수 있다면 최선의 상황입니다. 고객은 절대 특별한 이유 없이 제품과 서비스에 대해 높은 가격을 지불하지 않습니다. 원가는 그대로이고, 고객도 뻔히 그 사실을 아는데 판가를 올릴 수 있다는 것, 그럼에도 불구하고 고객의 지갑을 열게 할 수 있다는 것은 가격으로는 설명되지 않는 그 기업만의 경쟁력이 확보되었다고 이해해야 합니다.

글을 쓰는 지금 원가와 상관없이 꾸준하게 판가를 인상하면서 엄청난 이익을 거둬들이는 기업으로 미국의 GPU 및 AI반도체 기업 엔비디아가 있습니다. 현재 인류는 AI에 엄청난 투자를 집행하는데, 당장은 엄청나게 많은 데이터를 학습시키고 추론하는 데에 엔비디아의 칩만큼 매력적인 대안이 없는 것이 사실입니다. 기업마다 ASIC(주문형) 반도체를 제작하면서 엔비디아의 독점력으로부터 탈피하려는 노력이 있지만 여전히 엔비디아는 현재 AI반도체 시장을 꽉 잡고 있죠. 모두가 엔비디아의 칩을 원합니다. 그렇다고 엔비디아가 공급할 수 있는 반도체 칩이 수요에 맞춰서 증가하는 것은 아니죠. 그럼 말 그대로 "줄을 서시오~!" 하는 상황이 찾아옵니다. 실제로 엔비디아는 고객들을 줄 세워 주문을 받고 있기도 하고요. 시장에 하도 물량이 부족해서 중고 GPU를 기업들이 웃돈을 주고 사 간다고 하는 이야기까지 있을 정도이니 엔비디아가 계속 신제품의 가격을 올리는 것도 당연지사입니다.

다소 모순적으로 들리실 수도 있겠습니다만, 여러분의 투자수익률을 결정하는 것은 실력이 아닙니다. 심력입니다. 아니, **어쩌면 심력이야말로 실력인지도 모르겠습니다.**

이 메시지를 전달하기 위해서 심리학자 최초로 노벨경제학상을 수상한 대니얼 카너먼 교수의《생각에 관한 생각》(원제: Thinking, Fast and Slow)이라는 책의 일부를 인용하겠습니다. 카너먼 교수는 인간의 사고과정이 두 가지 시스템으로 이루어져 있다고 이야기합니다. 시스템 1은 빠르게 돌아가며, 자동적이고 직관적이며 감정적·본능적인 사고과정을 담당합니다. 시스템 2는 느리게 돌아가며, 논리적이고 분석적인, 이성과 합리 그리고 추론이 필요한 사고를 담당합니다. 인간은 필연적으로 시스템 2보다는 시스템1을 발달시키도록 진화해 왔습니다. 그것이 생존에 유리했기 때문입니다.

태초 인간의 모습으로 돌아가 보겠습니다. 가진 무기라고는 나무를 깎아서 만든 죽창 하나밖에 없는 인간이 호랑이를 만났습니다. 이 상황에서 시스템 2를 가동해 볼까요? '음…… 얼굴의 무늬와 덩치로 보건대 저 짐승은 호랑이야. 내가 갖고 있는 죽창으로 저 짐승과 싸우면 97% 이상의 확률로 내가 지겠지? 만약에 도망가면 살 수 있는 확률은 얼마나 될까?' 이런 생각을 하고 앉아 있다면 그 개체는 필히 잡아먹힐 겁니다. 생각이고 자시고 간에 시스템 1이 작동해서 일단 튀고 본 개체만이 살아남아서 그 유전자를 후대에 전달했을 겁니다.

나아가 시스템 2는 느리게 돌아가는 주제에 에너지를 상당히 많이 잡아먹습니다. 학창시절 시험기간을 앞두고 정말 미친 듯이 공부하면 어느새 살이 빠져 있었던 이유가 시스템 2를 가동하면서 엄청난 에너지를 소모했기 때문입니다. (물론 공부하면서 군것질을 많이 했다면 이야기는 달라집니다. ^^) 태초 인간은 그날 벌어 그날 먹고 살았던 종족이었습니다. 식량이 없는데 굳이 에너지를 쓰면서 이성과 합리를 따지고 있던 개체는 생존하지 못했고, 외려 본능에 따라 효율적인 결정을 했던 개체가 생존했습니다. 즉, 인간은 에너지를 소비하기보다는 저장하는 데 익숙한 것이 "자연스럽다"는 것입니다.

　　이러한 이유 때문에 우리는 유전적으로 이성, 합리, 추론보다는 감정, 감각, 본능을 우선시하도록 설계되어 있습니다. 하지만 **투자는 본질적으로 이성, 합리, 추론을 요구합니다.** 때문에 우리는 태어나기로 투자에 불리할 수밖에 없습니다. '난 아무리 생각해도 투자에 안 맞는 것 같아'라는 생각이 드신다면, 그건 당연한 겁니다. 외려 투자에 꼭 맞는 성향을 타고나는 것이 확률적으로는 돌연변이죠. 그리고 주식시장은 그렇게 시스템 1이 더 발달한 대다수의 사람들로 구성되어 있습니다. 시스템 1의 군집인 것이죠. 때문에 시장은 종종 비합리적입니다.

　　시장이 언제나 합리적이라는 가정이야말로, 제가 경제학과 출신임에도, 경제학이 제시하는 가장 틀린 가정이라고 생각합니다. 물론 장기적으로 시장은 합리적인 수준에 천천히 되돌아갈 겁니다. 하지만 매 순간은 시장은 시스템 1을 장착한 무수히 많은 참여자들로 인해 우리에게 잘못된 신호를 전달합니다. 지극히 감정적으로 움직이면서 가격을 왜곡시키죠. 여러분께서 이러한 시장의 움직임에 그저 몸을 맡기고 따라간다면 어떻게 될까요? 언제나 뒤늦게 움직이면서 휩쓸릴 수밖에 없습니다.

이것이 실력보다 심력이 중요한 이유입니다. 아무리 기업을 꼼꼼하게 분석해도, 아무리 차트를 기가 막히게 분석해도, **시장에 임하는 마음이 흔들린다면 올바른 투자 의사결정을 내릴 수 없습니다.** 시장에 파도가 요동치더라도 마음을 평온하게 유지할 수 있는 힘, 그것이 여러분을 경제적 자유로 이끌 것입니다. 모두가 시스템 1을 작동시킬 때, 여러분은 시스템 2로 투자하셔야 합니다.

감정보다 이성, 본능보다 추론입니다. 그리고 그 추론을 지켜 갈 수 있게 하는 심력인 것이죠.

현금흐름표,
기업의 가치는 언제나 $$$

현금흐름표는 제가 기업을 분석하면서 가장 중요하게 생각하는 부분입니다. 조금 어려운 이야기입니다만, 기업의 손익계산서는 기업이 진짜 돈을 벌었는지 잃었는지 정확하게 표현해 주지 못합니다. 손익계산서상 영업이익이 100억 났다고 해서 영업을 통해 실제 벌어들인 현금이 100억인 것은 아닌 경우가 대부분입니다. 모두 회계처리에 의해 발생하는 오차입니다.

그렇다 보니 과거 손익계산서를 조작·위조하면서 주주를 속이는 기업이 나오기 시작했고, 이를 방지하기 위해서 만들어진 것이 현금흐름표입니다. 어지간해서는 현금흐름표를 조작하기 어렵고, 현금흐름표를 통해 기업이 현금을 벌어들였다는 것이 확인될 때에만 실제 기업의 가치가 상승했다고 보는 것이 합당합니다. 그럼 지

금부터 현금흐름표의 기본적인 구조에 대해 소개하겠습니다.

영업현금흐름, 투자현금흐름, 재무현금흐름

현금흐름표는 딱 세 가지 유형의 현금흐름으로 구성되어 있습니다. 1)영업활동으로 인한 현금흐름(줄여서 영업현금흐름), 2)투자활동으로 인한 현금흐름(투자현금흐름), 3)재무활동으로 인한 현금흐름(재무현금흐름)이 그것입니다.

영업현금흐름은 말 그대로 기업의 본 영업과 관련하여 현금이 들어왔는지 나갔는지 계산한 수치입니다. 이 현금흐름을 계산하는 회계적인 공식은 외우지 않으셔도 괜찮습니다. 그저 "장사를 통해 이만큼 벌었구나" 하는 것만 이해하시면 됩니다.

투자현금흐름은 기업의 투자, 주로 자산 사이드의 변동에 대해 다룹니다. 경험적으로는 크게 두 가지 경우에 의해 투자현금흐름이 나타납니다. 유형자산의 취득/처분이 하나, 금융자산의 취득/처분이 둘입니다. 보통 기업은 유형자산을 꾸준하게 취득하면서 현금을 지출하고 이 현금지출이 투자현금흐름에 (−)로 기록됩니다. 반대로 유형자산을 매각하거나 금융자산을 처분하면 현금이 유입되므로 투자현금흐름 (+)로 기록됩니다.

재무현금흐름은 재무구조의 변동과 관련된 기업의 현금흐름입니다. 차입금을 빌렸다면 자금이 조달되어 회사의 계좌로 들어오므로 (+), 상환했다면 (−)로 기록됩니다. 주주에게 배당을 지급했다면 현금이 나가면서 (−)가 뜨겠죠? 최악의 경우 유상증자를 통해 신규 자금을 주주로부터 땡겼다면 역시 재무현금흐름 (+)가 뜰 것입니다.

순서대로 (+) (−) (−)

현금흐름표는 우선 이것만 기억하시면 좋겠습니다. **영업현금흐름, 투자현금흐름, 재무현금흐름 순서대로 부호가 (+) (−) (−)가 구조적으로 유지되는 기업이 가장 현금흐름이 양호한 기업입니다.** 투자업계 취직을 희망하는 학생들은 현금흐름에서 나타날 수 있는 여덟 가지 경우의 수를 모두 외우고는 합니다만, 여러분들께서 굳이 그렇게 하실 필요는 없습니다. 양호한 기업의 현금흐름이 어떠하고, 기업이 어려워지면서 현금흐름표가 어떻게 망가져 가는지만 알고 계시면 됩니다.

먼저 기업이 영업을 통해 현금을 잘 벌어들이고 있습니다. 영업현금흐름 (+)입니다. 이 돈을 가지고 차입금도 적절히 상환하고 배당도 안정적으로 지급합니다. 이로 인해 현금이 지출되므로 재무

I. 기업을 이겨라

현금흐름이 (-)입니다. 그렇게 하고도 현금이 남는다면 기업은 보통 이 현금을 유/무형자산에 재투자합니다. 역시 재투자로 현금이 지출되므로 투자현금흐름이 (-)가 됩니다.

자, 이 상태에서 갑자기 영업이 안 되기 시작한다고 해보죠. 영업현금흐름이 (-)로 돌아섭니다. 일시적으로 적자가 난다고 기업이 차입금 상환을 하지 않거나 배당을 뚝 끊어 버리지는 않습니다. 나아가 유형자산에 대한 재투자도 지속합니다. 재무현금흐름과 투자현금흐름이 모두 (-)가 뜹니다. 세 가지 현금흐름이 모두 (-)가 뜨다니 이게 가능할까요? 물론입니다. 기업이 이미 보유하고 있는 현금을 소진하는 시기입니다.

하지만 기업의 현금에는 한계가 있습니다. 어느 순간 현금이 동납니다. 여전히 영업현금흐름은 (-)입니다. 그렇다고 재투자를 멈출 수는 없습니다. 재투자야말로 기업의 미래 가치를 위해 꼭 필요한 작업이니까요. 기업은 배당을 줄이고 돈을 빌리기 시작합니다. 돈을 빌리며 현금이 들어오므로 재무현금흐름 (+)가 뜹니다. 이 돈으로 재투자를 최소한으로 지속하므로 투자현금흐름 (-)가 뜨겠죠.

영원히 돈을 빌릴 수 있다면 얼마나 좋을까요? 그러나 현실은 녹록지 않습니다. 어느 순간 은행에서 돈을 더 이상 빌려주지 않기 시작합니다. 자꾸 돈을 빌리다 보면 부채비율이 올라가고, 되레 빌려준 차입금을 상환하라는 압박을 하기 시작합니다. 이제 남은 현금도 없고, 장사해서 돈도 벌지 못합니다. 어떻게 해야 할까요? 네, 그렇습니다. 가진 걸 갖다 팔기 시작합니다. 기업의 공장, 건물, 생산설비 등 핵심 설비자산을 헐값에 외부에 팔고, 그 돈으로 차입금을 상환합니다. 핵심 설비를 팔면서 돈이 들어오므로 투자현금흐름 (+), 그 돈으로 차입금을 상환하면서 돈이 나가니 재무현금흐름 (-) 입니다. 이 상태가 기업이 망하기 직전의 현금흐름표입니다. 만약 여러분이 분석하시는 기업의 현금흐름표가 (-) (+) (-)라면, 손익계산서가 표면적으로 예뻐 보여도 그 기업은 속으로는 썩어 가고 있는 기업일 확률이 높습니다.

기업 붕괴 과정			
영업활동현금흐름	(+)	(-)	(-)	(-)
투자활동현금흐름	(-)	(-)	(-)	(+)
재무활동현금흐름	(-)	(-)	(+)	(-)
장사해서 돈 벌고, 갚을 돈 갚고, 배당도 하고, 재투자도 하고	올해 적자 났다고 돈 안 갚아? 재투자도 해야지!	이제 진짜 돈 없다 빌리자	빚 갚아야 하는데 돈이 없어ㅠㅠ 가진 걸 팔기 시작

꼭 기억하세요. 가장 좋은 현금흐름표 유형은, 아주 간혹 있는 예외가 아닌 이상, (+) (-) (-)입니다.

I. 기업을 이겨라

영업현금흐름은 영업이익보다 커야 한다

앞에서 영업이익과 영업현금흐름은 대부분의 경우 다르다고 했습니다. **정상적인 기업이라면 영업현금흐름이 영업이익보다 큰 상태로 유지될 확률이 높습니다.**[33] 자세하고 어려운 내용은 뒤에 욕심내기 장에서 설명드리겠습니다.

만약 영업현금흐름이 영업이익보다 작다면, 아니, 그를 넘어서 영업이익은 흑자를 기록했는데 영업현금흐름은 아예 (−)를 기록하고 있다면, 주린이 여러분들의 눈에 표면적으로 보이는 실적에 비해 기업이 실질적으로 현금을 못 벌거나 늦게 벌고 있다고 생각하시면 됩니다. 그리고 그 원인의 열에 아홉은 자산 파트에서 배운 매출채권이나 재고자산이 과하게 증가하고 있기 때문일 겁니다.

꼼꼼하게 복습하신 분들은 앞에서 매출채권과 재고자산은 매출의 변동률과 비슷하게 증가/감소하는 것이 바람직하다고 했던 것을 기억하실 겁니다. 기업의 매출에 비해 매출채권이나 재고자산이 과하게 증가했다면, 표면적으로 손익계산서는 예뻐 보일지 몰라도 영업현금흐름은 그다지 좋지 못한 모습을 보일 확률이 높습니다.

....

33   정확히는 '영업으로부터 창출된 현금흐름(영창현) > 영업이익'이어야 하나, 자세한 설명은 생략합니다.

현금흐름표 에서 욕심내기

(1) 영업활동 현금흐름을 계산해 보자!

영업활동 현금흐름은 어떻게 계산할까요? 바로 공식부터 보여 드리죠.

영업활동 현금흐름(CFO)

= 영업이익 + 현금유출 없는 비용 − 현금유입 없는 수익

　+/− 영업자산 및 영업부채의 변동(자산증가 시 현금 (−), 부채증가 시 현금 (+))

처음 보면 난데없이 외계어가 있네 싶으시겠지만 사실 지극히 상식적입니다. 책의 앞에서부터 기업의 매출과 영업이익이 증가했다고 해서 기업이 현금을 벌어들인 건 아니라고 말씀드렸습니다. 장부상 숫자인 영업이익과 실제 숫자인 영업현금흐름 사이에 괴리가 있다는 이야기입니다. 따라서 영업현금흐름은 이 괴리를 조정해 줌으로써 계산됩니다.

먼저 영업이익을 계산하는 과정에서 실제로는 현금유출이 없는데

손익계산서상 비용으로 잡혔던 항목들을 다시 더해 줘야 합니다. 대표적으로 감가상각비나 무형자산상각비가 있죠. 유형자산이 감가상각된다고 해서 국세청에서 찾아와서 현금을 빼앗아 가지는 않지 않습니까? 현금은 이미 오래전에 유형자산을 취득할 때 나갔고, 올해 감가상각비가 발생한다고 해서 기업이 현금을 지출하지는 않습니다. 감가상각비만큼은 "현금 관점으로 계산할 때에는" 다시 더해 줘야 하는 것이죠.

반대로 실제로 현금유입은 없는데 수익으로 잡힌 항목은 다시 빼 줘야 합니다. 그리 많이 일어나는 일은 아니지만 대표적으로 수출하는 과정에서 외환 관련해서 차익이 잡히는 경우가 있습니다. 회사가 영업 목적으로 달러를 보유하는데 환율이 올라 외환평가이익이 잡혔다고 해보죠. 이는 달러의 가치가 상대적으로 높아지면서 회계상으로 잡힌 숫자일 뿐이지 기업이 현금을 더 벌어들인 건 아닙니다. 이런 변화는 수익이라고 하더라도 현금 관점에서는 차감해 주어야 하겠죠.

여기서 끝이 아닙니다. 재무상태표의 자산과 부채가 각각 증가/감소하면서 기업의 현금흐름에 영향을 미칩니다. 자세한 설명을 드리기에 앞서 그냥 **"자산 항목이 증가하면 현금흐름 유출(−), 부채 항목이 증가하면 현금흐름 유입(+)"**이라고 외워 두고 시작하셔도 됩니다.

매출채권이 증가했다는 것은 매출이 잡혔음에도 아직 돈이 들어오지 않았다는 것을 의미합니다. 얼마만큼 안 들어왔을까요? 네, 매출채권이 증가한 만큼 안 들어왔습니다. 그래서 매출채권의 증가액만큼 현금흐름은 (−)로 계산해 줍니다.

재고자산의 증가는 기업이 현금을 지출하여 물건을 만들었다는 얘기입니다. 하지만 물건이 아직 판매되지 않았으므로 매출도 잡히지 않고 영업비용도 잡히지 않았습니다. 비용은 안 잡혔는데 현금은 쓴 상황이네요? 역시 재고자산의 증가분만큼 현금흐름은 차감해 주어야 합니다.

매입채무가 증가했다면 어떨까요? 원재료를 사 왔는데 기업이 아직 거래처에 현금을 지불하지 않은 겁니다. 나가야 할 돈이 아직 나가지 않았으므로 일시적으로 현금을 번 셈이 됩니다. 매입채무가 증가한 만큼 현금흐름은 증가한 것으로 계산합니다.

선수금은 어떨까요? 아직 고객에게 물건을 납품하지도 않았는데 고객이 돈부터 주었습니다. 아직 매출은 잡지 않았지만 실제 현금을 벌었죠. 얼마만큼? 네, 선수금이 증가한 만큼요.

이러한 이유 때문에 영업활동 현금흐름을 앞에서와 같이 계산했던 겁니다. 본문에서 영업활동 현금흐름이 영업이익보다 커야 정상이라고 했던 것 기억하시나요? 바로 다음 EBITDA에서도 언급되겠지만 기업의 영업자산/부채의 변동이 안정적이라면 영업현금흐름은 영업이익에 최소 감가상각비가 더해져야 하기 때문에 그렇습니다. 하지만 영업현금흐름이 영업이익보다 작은 경우, 또는 영업이익은 흑자인데 영업현금흐름은 (−)인 경우는 대개 영업자산이 과하게 증가해서인 경우가 대부분입니다. 예시를 하나 보시죠.

(단위: 억원)	2023	2022	2021
영업으로부터 창출된 현금흐름	788	- 2,296	- 970
영업이익	1,560	3,806	1,150

2차전지 양극재로 시장을 뜨겁게 달궜던 에코프로비엠입니다. 3년 간 영업이익을 합하면 대략 6,500억입니다. 하지만 영업현금흐름은 −2,500억에 가깝습니다. 어떻게 된 일일까요? 장사해서 이익은 났다고 공시했는데 현금을 하나도 못 벌었다면 뭔가 가슴이 철렁합니다.

운전자본의 변동 (종속기업 취득으로 인한 효과 및 연결에서 자본으로 계상되는 외환차이는 제외):		
재고자산 증가	(417,700,377)	(527,068,854)
매출채권 증가	83,220,776	(670,725,101)
그 밖의 영업자산 감소(증가)	135,667,246	(125,258,184)
매입채무 증가(감소)	(97,968,667)	629,513,928
계약부채의 감소	1,678,314	(9,000,156)
그 밖의 영업부채 감소	(65,335,499)	16,320,691

2023년 사업보고서에 기재된 영업현금흐름 세부내역입니다. 자료의 "운전자본 변동"이 바로 앞에서 언급한 "영업자산 및 부채의 변동"입니다. 재고자산이 2022년도에 5,270억 증가하여 그만큼 현금흐름에는 (−)로 연결되었고, 2023년에는 4,177억 증가하여 역시 현금흐름에 악영향을 주었습니다. 매출채권 역시 2022년도에 6,707억 증가하면서

....

34 2021~2023 에코프로비엠 현금흐름표 (단위: 억 원)
35 2022~2023 에코프로비엠 영업현금흐름 세부내역 (단위: 천 원)

현금흐름에 부정적으로 작용했지만, 2023년도에 비로소 안정화되었습니다.

물론 에코프로비엠이 빠르게 성장하는 과정에서 재고자산과 매출채권이 과하게 늘어나는 것 자체만 놓고 이 기업이 안 좋은 기업이라고 단정하기는 어렵습니다. 하지만 표면적으로 보이는 수치(영업이익)에 비해 기업의 실속은 보다 천천히 증가하고 있었다는 것을 주린이 여러분들께서는 인지하셨어야 합니다.

추후 안정적인 성장궤도에 오르면 현금흐름이 안정화될 수 있지만 제가 우려했던 것은 "그게 언제냐?"였습니다. 보유한 현금과 자원으로 현금흐름이 안정화될 때까지 현금흐름 유출을 버틸 수 있으면 괜찮습니다. 하지만 에코프로비엠은 작년 하반기부터 전기차 산업에 캐즘 이슈가 급격하게 떠오르고, 경쟁은 심화되고, 원재료인 리튬 & 니켈 가격이 하락하면서 양극재 판매가격이 하락하자마자 주가가 곤두박질쳤습니다. 표면의 성장만 보고 그 이면의 성장통은 직시하지 않았던 시장의 뒤늦은 후회였던 셈입니다. 아직도 에코프로비엠은 현금흐름이 정상화되지 않아 차입금 조달로 부족한 현금을 메꾸고 있습니다.

(2) EBITDA? 에빗다??

이미 주식시장에 관심이 있었던 분들이라면 EBITDA, '에빗다'라는 용어에 대해 들어 보셨을 겁니다. 대체 에빗다는 무엇이고, 에빗다를 기준으로 기업의 가치를 판단하고자 하는 시도는 어떤 논리에서 출발했을까요?

EBITDA는 'Earnings before Interest, Tax, Depreciation, Amortization'의 약자입니다. 이익은 이익인데 이자, 세금, 감가상각비, 무형자산상각비를 차감하기 전의 이익이라는 겁니다. 갑자기 이렇게 정의 내리면 의도가 이해되지 않으시죠? EBITDA는 'EBIT + DA'로 쪼개 볼 수 있습니다.

먼저 'EBIT'은 'Earnings before Interest, and Tax'입니다. 이자와 세금을 내기 전의 이익이라…… 이게 무엇일까요? 정답은 "영업이익"입니다. 영업이익에서 기타손익, 금융손익을 반영하면 세전이익, 여기서 법인세를 내면 순이익이 남습니다. 거꾸로 순이익에 법인세를 더하고, 금융손익 중 이자비용을 더하고, 기타손익은 장기적으로 0에 수렴하므로 없다고 가정합시다. 그럼 영업이익이 나오네요? 네, **'EBIT'는 약식으로 계산한 영업이익입니다.**

그런데 여기에 D와 A를 다시 더했습니다. 앞에서 영업활동 현금흐름을 계산할 때 현금유출이 없는 비용을 더해 줘야 한다는 것을 말씀드렸습니다. 비현금비용의 대표적인 두 예시가 감가상각비(Depreciation)와 무형자산상각비(Amortization)입니다. 나머지 조정항목들은 어디 갔냐고요? 네, 보통 현금유입이 없는 수익(비현금수익)은 정말 금액이 작거나 아예 없는 경우가 대부분입니다.

그리고 영업자산/부채의 변동은 기업이 어느 정도 안정적인 성장궤도에 들어서면 +/− 0으로 수렴하는 경우가 일반적이죠. 따라서 아주 약식으로 **"영업활동 현금흐름 = 영업이익 + 비현금비용"**으로 표현할 수 있는 겁니다. 그런데 비현금비용의 대표적인 두 항목이 D, A였으니 영업이익(EBIT)에 D, A를 더하면 'EBITDA', 약식의 영업활동 현금흐름이 되는 것이죠.

에빗다를 통해 기업의 가치를 표현하고자 하는 시장의 시도는 손익계산서가 아니라 현금흐름표를 통해 기업을 이해하고자 하는 의도에서 출발합니다. 하지만 영업활동 현금흐름을 일일이 계산하자니 약간의 가정을 더해 주어 EBITDA로 치환한 것이죠.

열광을 경계하고 두려움을 즐기는 가치투자자

여러분이 주식시장에서 장기적으로 성공하고 싶다면 열광을 경계하고 두려움을 즐길 줄 알아야 합니다. 흔히 역발상 투자라고 하죠? 자나 깨나 무조건 역발상만 한다면 그건 그거대로 문제겠지만, 때로는 유연하게 시장과 거꾸로 생각할 줄 알아야 합니다.

가치투자의 아버지라 불리는 벤저민 그레이엄의 말씀을 빌리겠습니다. 그레이엄은 시장을 조울증 환자에 비유했습니다. 시장은 조울증에 걸려 날마다 기분이 다르더라는 겁니다. 어떤 날은 기분이 좋아서 높은 가격을 제시하고, 어떤 날에는 기분이 안 좋다고 낮은 가격을 제시합니다. 이때 여러분이 시장의 기분에 따라 높게 제시된 가격에는 매수에 나서고, 낮게 제시된 가격에는 매도한다면 어떻게 될까요? 네, 똑같이 조울증 환자가 되는 겁니다. **시장을 이기기 위해서는 조울증 환자의 기분을 역이용해야 합니다.** 시장이 너무 들떠 높은 가격을 제시할 때 우리는 오히려 마음 편하게 그 가격에 주식을 팔아 줘야 합니다. 반대로 시장이 갑자기 우울해져 낮은 가격을 제시한다면 같이 우울해할 게 아니라 오히려 기분 좋게 매수로 받아 줘야 합니다.

다른 예시도 들어 볼까요? 그레이엄의 제자인 워렌 버핏의 예시입니다. 여러분이 파티에 초대를 받았습니다. 모두가 음악에 맞춰 춤을 추고 흥겨워하죠. 밤이 무르익어 12시, 새벽 1시가 되어 가면 파티는 흥겨움의 도가니를 넘어 열광에 빠지게 됩니다. 그러다 파티의 열기가 너무 뜨거워 파티장 한가운데에 갑자기 불이 난다고 해보죠. 모두가 패닉에 빠져 일순간에 출구로 달려 나갈 겁니다. 이때 여러분이 모두와 함께 미치도록 뜨거운 분위기에 빠져 파티장 한가운데에서 열정적으로 춤을 추고 있었다면 어떨까요? 아마 출구에 도착하기도 전에 사람들에게 밟혀 죽을지도 모릅니다. 패닉의 순간에 열광 속에 있었다면 그만큼 탈출하는 것이 불가능에 가깝다는 말씀입니다.

파티가 무르익을수록 여러분은 슬슬 출구 쪽으로 발을 옮겨야 합니다. 설령 파티의 모든 분위기를 온전히 즐기지 못하더라도 그저 음악에 맞춰 둠칫둠칫 리듬을 타는 것만으로도 충분히 높은 수익률을 달성할 수 있습니다. **언젠가 파티장 한가운데 불이 난다는 것은 절대불변의 진리**거든요. 모두가 그 사실을 알고 있습니다. 열광의 끝에는 엄청난 폭락과 패닉이 기다리고 있다는 것을요. 하지만 모두가 "나는 그 직전에 잘 빠져나올 수 있어"라는 헛된 믿음을 가지고 미친 척 파티를 즐길 뿐입니다.

투자를 9년 해보면서 정말 큰 폭락장도 겪어 보았고, 중간 이하 급의 조정과 하락은 수도 없이 겪어 보았습니다. 때로는 조정이 한 분기에 몇 번씩 오기도 합니다. 그때마다 제가 모든 상승을 파티장의 한가운데서 앞뒤 재지 않고 즐기고 있었다면 지금의 저는 없었을 것이라는 확신이 듭니다. 모든 상승장의 전부를 즐기려고 하지 마십시오. **언제나 약간의 거리를 두어야 한다**는 점이 제가 드리는 또 하나의 교훈입니다.

Three Statements 정리

자, 지금까지 기업을 뛰어넘기 위해 주린이가 꼭 알아야 하는 재무제표 분석을 살펴보았습니다. 여러분이 아무리 차트를 심도 있게 공부한다 해도, PER 등 가치평가를 아무리 많이 한다 해도 기업에 대한 기본적인 이해, 재무제표에 대한 최소한의 분석 없이는 주식투자를 오래, 성공적으로 하실 수 없습니다. 꼭 여러 번 복습하시기를 바라면서 재무제표 단원을 총 정리해 보겠습니다.

재무상태표

- 자산은 영업자산과 비영업자산으로 구분하자! 영업자산은 유/무형자산, 재고자산, 매출채권, 현금.
- 부채는 금융부채와 영업부채로 구분하자! 이자 내는 부채(금융부

채)가 많으면 위험하다!

- 자본은 주주 원금과 이익잉여금으로 구분하자! 원금이 늘어나는 것은 주주에게는 최악의 상황.

손익계산서

- 매출원가와 판관비의 구분은 필요 없다! 변동비와 고정비로 구분하여 미래 이익을 예측하자.
- 영업이익에 현혹되지 마라! 주가를 결정하는 것은 결국 당기순이익이다.

현금흐름표

- 현금흐름 순서대로 (+) (−) (−)가 유지되는 기업이 좋은 기업이다.
- 영업현금흐름이 영업이익보다 큰 상태로 유지되어야 좋은 기업이다.

이렇게 재무제표 분석은 대체로 숫자 분석으로 이루어집니다. 하지만 기업의 가치는 숫자로만 설명되는 것이 아니죠. 스토리로, 감으로, 그리고 구조적으로 설명되는 기업의 가치가 분명히 있습니다. 오히려 아직 숫자는 명시적으로 좋게 나오지 않아도 스토리와 구조가 좋다면 투자자들의 선택을 받는 기업들도 많습니다.

기업이 경쟁사를 뛰어넘을 수 있는지, 그리고 여러분의 인사이트는 과연 경쟁사의 그것을 뛰어넘을 수 있을지, 정량적 분석은 충분히 하셨으니 정성적 분석의 꽃, 비즈니스모델 분석을 통해 알아봅시다.

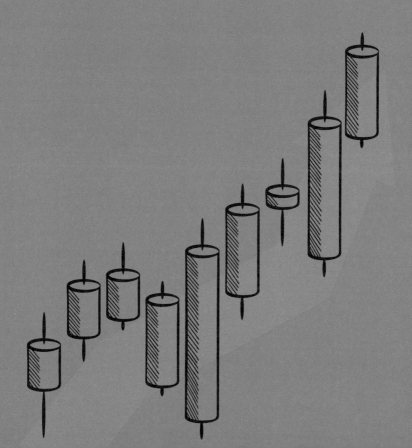

Ⅱ.

경쟁사를 이겨라
- 비즈니스모델 분석

지금까지는 숫자로 기업을 설명하고 분석했다면, 이제는 스토리입니다. 숫자로 모든 것이 설명 가능하다면 참 편하겠습니다. 하지만 안타깝게도 기업의 가치는 숫자만으로는 설명되지 않습니다. 이야기로 풀어내야 하는 가치는 뭔가 다른 수단이 필요합니다.

애플은 어떻게 인류 역사상 가장 위대한 기업 중 하나가 되었을까요? 스티브 잡스가 위대해서? 아이러니하게도 애플의 실적과 주가는 잡스의 사후에 팀 쿡이 CEO를 넘겨받으면서 더 가파르게 상승했습니다.

저는 애플의 가치는 생태계와 브랜드, 두 가지로 설명된다고 생각합니다. 애플은 애플 생태계를 구축하고 그 안으로 이용자를 끌어들여 소비자가 자신들의 생태계를 떠날 수 없도록 만들었습니다. 아이폰을 사는 순간 iCloud 등의 엄청난 호환성으로 아이패드를 사게 되고, 또 맥북을 사게 됩니다. 한번 맥OS에 익숙해진 사람은 윈도우나 안드로이드 등 다른 체계로 이탈할 수 없습니다.

애플의 브랜드가치는 한입 베어 먹은 사과 로고 하나로 설명됩니다. 우스갯소리로 이런 이야기를 하죠. 갤럭시S와 아이폰의 디자인을 그대로 두고 삼성 로고와 애플 로고만 바꿔치기했더니 사람들은 사과 로고가 박힌 갤럭시S를 사고 싶어 했다는 그 이야기 말입니다. 디자인 그 자체가 문제가 아니라는 것입니다. "나는 아이폰을 쓰는 사람이다"라는 정체성이 주는 무언의 가치가 이미 수많은 소비자를 사로잡고 있다는 이야기입니다.

어떤가요? 꼭 숫자가 아니어도 기업의 가치를 설명할 수 있고, 나아가 기업의 주가가 꾸준히 상승할 수밖에 없는 이유를 짐작할 수 있습니다. 이렇게 기업을 스토리로 풀어내기 위해서 여러분은 "비즈니스모델"이라는 것을 정리하셔야 합니다. 이를 통해 우리는 기업이 경쟁사를 따돌리고 계속해서 치고 나갈 수 있는 잠재력을 가지고 있는지 확인할 수 있습니다.

비즈니스모델 캔버스

비즈니스모델을 풀어내는 수많은 방법이 있지만, 저는 하버드 비즈니스 스쿨에서 고안한 비즈니스모델 캔버스를 활용할까 합니다. 비즈니스모델 캔버스는 A4용지 한 장에 기업의 비즈니스모델을 구축하는 아홉 가지 요소를 간결하게 정리하는 서식을 말합니다.

....

36   출처: 위키피디아

비즈니스모델 캔버스는 가운데의 "가치제안"을 기준으로 왼쪽 (가치생산)과 오른쪽(가치전달)으로 나뉩니다. 왼쪽(가치생산) 파트는 핵심파트너십, 핵심자원, 핵심활동, 그리고 비용구조로 이루어집 니다. 어떤 외부 이해관계자들과 함께(핵심파트너십), 어떤 자원을 활용하여(핵심자원), 정확히 무엇을 하여(핵심활동) 기업의 가치를 생산하는지의 과정이며, 그 결과는 기업의 영업비용으로 나타납 니다.

오른쪽(가치전달) 파트는 고객관계, 채널, 고객, 그리고 매출구조 로 이루어집니다. 고객은 누구이며(고객), 산업 내 그들과의 관계는 어떠한지(고객관계), 그리고 그들에게 기업의 가치를 어떤 통로로 전달하는지(채널) 다룹니다. 고객에게 훌륭히 가치를 전달했다면 매출구조가 도출되겠죠.

핵심파트너십
- 누구와 이익을 함께하는가

비즈니스모델 캔버스의 첫 번째 요소는 핵심파트너십입니다. 파트너십은 **"나와 이해관계를 공유할 또 다른 이해관계자가 누구인가"**에 대한 답으로 귀결됩니다. 정부를 제외하면 크게 채권자와 주주로 나뉩니다만, 채권자에 대한 분석은 재무제표 분석에서 다뤘으므로 살짝 넘어가 보겠습니다. 결국 나 이외에 다른 주주가 어떻게 구성되어 있는가, 특히 이 기업의 최대주주는 누구이고, 어떠한 존재인가에 대한 물음을 던지셔야 합니다.

한국 기업들이 주식시장에서 저평가받는 여러 이유가 있습니다. 이 현상을 "코리아 디스카운트"라고 부릅니다. 그중 가장 치명적이고 핵심적인 이유를 저는 거버넌스 이슈라고 생각합니다. 많은 기업들이 소액주주의 권익을 제고하지 않습니다. 최대주주만을 위한

의사결정이 이루어지는 경우가 대부분이고, 여러 법적 한계로 그런 의사결정에 대해서 소액주주가 대응할 수 있는 선택지 또한 그리 많지 않습니다. **최대주주의 1주와 소액주주의 1표는 동일하게 평가받아야 하는데**, 최대주주부터 소액주주를 동업자로 인식하지 않는 경우가 많습니다. 소액주주를 챙겨 줄 수 있는 최대주주가 이끄는 기업과 그렇지 않은 최대주주가 이끄는 기업의 장기적인 비전과 전망은 엄청난 차이가 있습니다. 이것이 비즈니스모델의 첫 번째 분석 포인트가 파트너십인 이유입니다.

최대주주 지분율, 어느 정도가 적당할까?

강의하면서 자주 듣는 질문 중 하나입니다. 최대주주의 지분율이 어느 정도 유지되어야 적당할까요? 너무 많으면 많은 대로 문제, 적으면 적은 대로 문제일 것 같습니다. 코스피 기업들은 대개 시가총액이 큽니다. 일반적으로 최대주주 지분율이 20~30% 사이면 적당하다고 이야기합니다. 코스닥 기업은 상대적으로 시가총액이 작기 때문에 최대주주 지분율이 30~40% 정도면 적당합니다.

최대주주의 지분율이 너무 많으면 뭐가 문제일까요? 경영이 안정적이니까 되게 마음 편하지 않을까요? 아닙니다. 최대주주 지분율이 너무 많으면 최대주주 한 명의 의도에 따라 기업이 완전히 휘둘리게 되고, 그 과정에서 소액주주가 취할 수 있는 이의제기 수단이 사실상 없어집니다. 최대주주 지분율이 50%가 넘어가는 순간 분할이나 합병 등 특별결의사항을 제외하면 사실상 경영일반에 관한 사항에 대해 나머지 주주 전부가 덤벼도 최대주주를 이길 수 없습니다.

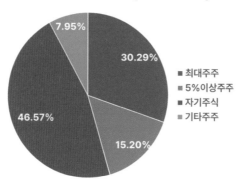

조광피혁 주주현황(24.08.01.)

7.95%
30.29%
46.57%
15.20%

■ 최대주주
■ 5%이상주주
■ 자기주식
■ 기타주주

37

대표적으로 최대주주의 과한 지분율로 인해 소액주주가 아무 것도 할 수 없는 기업이 바로 '조광피혁'입니다. 자료를 보시면 오너 일가의 지분율은 30.3%입니다. 언뜻 보면 앞에서 언급한 딱 적당한 수준의 지분율 같습니다. 하지만 이 회사는 자사주의 비중이 자그마치 46.6%에 달합니다. 자사주는 의결권이 없어서 실질적

37 2024. 08. 01. 기준 조광피혁 주주현황 (출처: comp.fnguide.com)

인 주식수에 포함되지 않습니다. 결국 실질적으로 의미 있는 지분 53.4% 중에서 최대주주 일가가 30%를 보유하고 있으니 실질 지분 율은 56.7%에 달합니다.

실제로 최대주주 다음으로 15.2%를 보유하고 있는 굉장히 유명 한 개인투자자께서 10년이 넘는 기간 동안 이 회사의 주주총회에 서 단 한 번도 오너이자 대표인 이연석 씨를 볼 수 없었다고 합니 다. 오너 일가의 1표는 다른 주주들의 1표보다 훨씬 막강했던 것 이죠. 최대주주의 과한 경영권이 상황에 따라 정말로 닫힌 경영과 주주정책으로 이어질 수 있다는 것을 보여 주는 사례라고 생각합 니다.

그럼 반대로 소액주주의 의견을 최대한 반영하기 위해 최대주주 의 지분율이 낮을수록 좋다고 보면 되지 않을까요? 이 경우는 기업 이 경영권 공격에 취약하다는 치명적인 단점으로 이어집니다.

기업이 꾸준히 성장하기 위해서는 단기적 목표, 장기적 비전이 경영진에 의해 수립되고 일관성 있는 전략이 실행되어야 합니다. 일반적으로 최대주주가 경영진을 겸하는 경우가 많으므로 최대주 주의 지분율이 경영권을 안정적으로 가져갈 수 있는 정도로는 유 지되어야 기업의 미래를 맘 편하게 예측할 수 있습니다.

코스닥 기업 중 최대주주 지분율이 10%도 되지 않는 기업은 종 종 외부 자금으로부터 경영권 위협을 받기도 하고, 기업사냥꾼에 의해 아예 경영권이 통째로 넘어가기도 합니다. 실제로 제가 컨설팅한 스타트업 중 창업자 및 오너가 투자자 자금을 과하게 받는 바람에 실질적인 경영권을 빼앗긴 경우도 있었던 만큼 주린이 여러분들께서도 여러분이 투자하시는 기업의 최대주주 지분율 정도는 알고 계시면 좋겠습니다.

기업의 상하 지배구조를 파악해 두세요

한국에는 대기업 집단이라는 용어가 있죠. 그 집단을 지배하는 '재벌'이라는 분들은 외국 학계에서 별달리 번역할 용어가 없어 발음 그대로 'Chaebol'이라고 번역할 정도로 아주 이례적인 구조를 갖고 있기도 합니다.

이렇다 보니 여러분들께서 투자하시는 기업이 꽤 높은 확률로 어떤 그룹의 계열사인 경우가 많을 겁니다. 안타깝게도 이런 경우 특정 계열사의 가치와 주가가 그 기업의 펀더멘탈[38]만으로 결정되지 않는 경우가 많습니다. 기업은 알짜배기 사업을 하는지 몰라도 전체 그룹의 방향성 때문에 지배구조가 개편되는 과정에서 그 가치가 희생당하는 경우도 있고, 타 계열사를 도와주기 위해 기업의

---

38 내재가치 or 본질가치

자금이 활용되는 경우도 있습니다. 두 가지 예시를 들어 볼까요?

롯데정밀화학은 여러모로 상황이 어려운 롯데그룹에서 가장 현금흐름도 양호하고 실적도 괜찮게 유지되는 몇 안 되는 계열사 중 하나입니다. 이 기업의 모회사는 롯데케미칼입니다. 문제는 롯데케미칼의 또 다른 자회사인 롯데건설이 '22년 말 '부동산 PF 사태'가 터지면서 급격한 위기를 맞이했다는 겁니다. 모회사인 롯데케미칼은 현금 여력이 충분하지 않은 상황이었습니다. 결국 비교적 현금 여유가 있었던 롯데정밀화학이 롯데건설에 3,000억이라는 적지 않은 돈을 빌려주면서 위기를 타개했습니다. 자기 본연의 사업과 상관없이 계열사를 위한 자금대여가 이루어진 것이죠.

신세계도 마찬가지입니다. 신세계그룹의 계열사 중 신세계I&C라는 알짜배기 회사가 있습니다. 신세계-이마트 그룹의 유통계열사들이 전부 어려운 상황에서 그래도 꿋꿋하게 실적과 수익성을 챙겨 가고 있는 회사입니다. 신세계그룹도 신세계건설이 어려워지자 신세계I&C를 통해 신세계건설을 지원합니다. 신세계건설이 발행한 회사채를 신세계I&C가 매입하도록 한 것이죠. 물론 이자율이 연 7% 이상인 데다가 담보도 확실하기 때문에 신세계I&C 입장에서 아주 나쁜 선택은 아니라고 볼 수 있지만, 신세계I&C의 주주 입장에서는 상당히 기분이 나쁠 수도 있는 결정이었죠.

이 외에도 모회사의 분할/합병 과정에서 변동성을 줄이기 위해, 혹은 경영권 승계 및 지분 상속의 과정에서 관련 회사의 주가가 억

지로 눌려 있는 경우도 비일비재합니다.[39]

　여러분들께서 최대주주의 마음속을 들여다보는 것은 아니기에 그들의 모든 의중을 정확하게 파악하는 것은 현실적으로 매우 어렵습니다. 그렇다고 손을 놓고만 있을 수는 없죠. 적어도 여러분이 분석하시는 기업의 모회사와 자회사, 위아래로 한 단계씩 정도는 지배구조를 대략적으로나마 파악해 두시면 아주 천천히 대주주의 의중을 미리 알아차리는 데에 도움이 되리라 확신합니다.

....

39　궁금하신 분들은 Kevinvestment 중급 커리큘럼 수강을 권장드립니다.

핵심자원
– 기업의 가치가 어디서 출발하는가

핵심자원은 재무제표에서 배웠던 영업자산과는 사뭇 다른 개념입니다. 기업의 경쟁력을 만드는 핵심 요인이 무엇일지 고민해 봐야 합니다.

하이브의 핵심자원은?

하이브의 핵심자원이 뭘까요? 당장 머릿속에 떠오르는 것이 BTS입니다. 재무제표에는 드러나지 않지만 BTS가 없었다면 지금의 하이브는 없었을 겁니다. 하지만 BTS라는 핵심자원이 영원할 수는 없습니다. 언젠간 BTS도 신생 아티스트의 위협을 받을 것이

II. 경쟁사를 이겨라

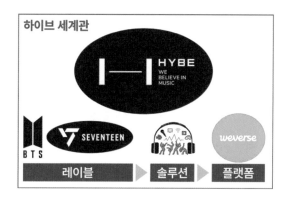

고, 여타 그룹이 그랬듯 어느 멤버 한 명의 실수로 그룹이 망가지지 않는다는 보장을 하기도 어렵습니다. 그래서 하이브가 선택한 것이 "하이브 세계관"입니다. 하이브도 전략적으로 BTS에 계속 기대기만 할 수 없다는 것을 너무나 잘 인지하고 있습니다. 미래에 BTS가 없더라도 실적과 성장을 유지하기 위해 그들은 하이브만의 독자적인 스토리를 만들었고, 각 아티스트는 그 스토리에 등장하는 하나의 부분으로 자리매김했습니다. BTS가 없더라도 스토리와 IP는 유지되기에 하이브라는 거대한 함선은 계속해서 항해할 수 있겠죠.

네이버의 핵심자원은?

네이버의 핵심자원은 초록창입니다. 초록색 검색창은 재무제표에 그저 초록창이 창출하는 광고수익으로 드러날 뿐입니다. 하지만 초록창이 없으면 네이버의 그 어떤 사업도 독자적으로 생존하기 어렵습니다. 네이버쇼핑이라는 플랫폼 역시 네이버로부터 이용자를 유입시키고, 일본에서 대박을 낸 라인도 사용자가 네이버라는 플랫폼을 떠날 수 없게 만드는 메신저입니다. 네이버웹툰도 마찬가지입니다. 네이버에게 'naver.com'이라는 사이트는 단순 광고 창출 수단이 아니라 수많은 네이버의 사용자들이 꾸준히 네이버의 생태계에 머무르면서 가치를 창출할 수 있게 만드는 근간인 것이죠. (물론 책을 쓰는 지금 네이버가 일본 정부로부터 라인 사업부 매각을 강요받는 상황이라 심히 우려되기는 합니다.)

저는 재무제표 분석이 끝나면 가만히 앉아 멍 때리면서 기업의 경쟁력을 유지, 발전시켜 주는 핵심자원이 무엇인지 상상해 보는 연습을 합니다. 아무리 생각해도 경쟁사와의 격차를 벌려 주는 핵심자원이 없다면, 현재 기업의 실적이 좋더라도 기업의 장기 성장성에 대해서 의심을 던져 봐야 합니다. "기업을 특별하게 만들어 주는 그 무언가", 그것을 찾아야 여러분의 투자수익률도 극대화될 수 있습니다.

핵심활동
– 기업이 무슨 일을 하고 있는가

핵심활동은 앞에서 정리한 핵심자원을 갖고 기업이 어디에 뭘 쓰고 있는지 따라가는 과정입니다. 핵심자원이 있다고 해서 기업이 성장하지 않습니다. 기업은 핵심자원을 활용하여 다양한 활동을 펼칩니다.

비용을 어디에 가장 많이 쓸까요?

기업의 핵심활동을 보고 싶으시다면 기업이 어디에 비용을 가장 많이 쓰고 있는지 보시면 됩니다. 앞서 손익계산서 분석에서 변동비와 고정비를 구분하라고 강조드렸던 것, 기억하시나요? 그 과정에서 재무제표 주석의 "비용의 성격별 분류"를 찾아보라고 말씀 드렸습니다. 기업이 원재료에 가장 돈을 많이 쓰고 있다면 원재료를 최대한 싸게 적절히 수급해 오는 것이 중요한 회사라는 의미입니다. 인건비의 비중이 큰 회사라면 임직원을 독려하여 직원 1인당 생산성을 높이는 것이 중요하겠죠. 감가상각비가 큰 기업이라면 공장의 가동률과 수율을 극대화하는 것이 중요할 것입니다.

가장 많은 돈을 쓰는 활동이 효율화되는 시기, 그때가 바로 기업이 한 단계 성장하는 지점입니다.

R&D가 꾸준한 기업은
주주를 실망시키지 않는다

다양한 활동과 별개로 연구개발에 대한 분석은 꼭 가져가시면 좋겠습니다. 매년 사업보고서를 열어 보시면 "Ⅱ.사업의 내용" 안에 '6.주요계약 및 연구개발활동'이라는 목차가 있을 겁니다. 너무 자세하게는 보지 않으셔도 괜찮습니다. 중간 즈음 **'연구개발비/매출액 비율'**이라는 지표가 나올 겁니다.

매출에 비해서 연구개발비를 어느 정도 지출해야 R&D에 적극적인 회사라고 할까요? **제조업 기준 5%**를 기준으로 보시면 됩니다. 대다수 기업은 이 비율이 1% 미만입니다. 한국의 특성상 단순 중간재 생산을 하는 기업들이 많고, 이런 기업들은 굳이 R&D에 돈을 쓸 이유가 없습니다. R&D 지출이 필요 없다고 하면 부담이 적은 것 아니냐 하실 수 있지만, 이는 기업의 추가 경쟁력 확보를 위한 투자가 구조적으로 불가능하다는 신호를 주기도 합니다. 극단의 연구개발을 요하는 제약바이오산업의 대표주자인 셀트리온의 경우 매출 대비 연구개발 비용의 비중이 20%에 육박하기도 합니다.

때로 생각지도 못한 기업의 R&D 투자가 매우 적극적임을 발견할 때, 우리는 신박한 투자 아이디어를 떠올리기도 합니다. 제가 투자했던 기업의 예시를 들어 볼까요?

과 목	제8기	제7기	제6기
연구개발비용계*	14,030,508,114	12,864,221,179	12,195,680,225
(정부보조금)	-995,120,538	-1,196,777,876	-1,195,123,974
(정부보조금 차감후) 연구개발비용계	13,035,387,576	11,667,443,303	11,000,556,251
(정부보조금 차감후) 연구개발비용계/매출액 비율(%)	3.4%	3.1%	3.2%

[40]

샘표 하면 간장, 간장 하면 샘표죠. 전통 조미료 영역에서 부동의 1위를 지키고 있습니다만, 여러분들이 느끼시는 것처럼 이 기업은 표면적으로 그리 성장세가 두드러지지는 않습니다. 집에서 밥을

....
[40] 2023 샘표식품 사업보고서 (단위: 원)

해 먹는 사람들의 비중도 줄고 있고, 식단이 다소 서양화되면서 간장, 된장 등의 전통 조미료의 인기도 식고 있죠.

제가 깜짝 놀랐던 것은 샘표식품의 연구개발입니다. 이 기업은 꾸준히 매출의 3%가 넘는 연구개발 비용을 지출하고 있습니다. 연 120억에 해당하는 수준입니다. 나아가 회사 내 R&D 연구소만 11개를 두고 있습니다. 대체 간장 파는 기업이 연구개발할 게 뭐가 있을까요?

간장만 팔아서는 미래 성장성이 없다는 것은 샘표식품 경영진도 분명히 인식하고 있습니다. 그러나 샘표식품에게는 수십 년에 걸쳐 쌓인 발효기술 노하우가 있습니다. 샘표식품은 발효기술을 바탕으로 개발할 수 있는 차세대 식품 소재 개발에 주력하는 회사입니다. 이미 요리 에센스 연두나 폰타나 등 소스를 개발하여 시장의 긍정적인 반응을 확인하였으며, 11개나 되는 소재연구소에서 신소재, 신제품이 꾸준히 발굴될 것입니다.

물론 회사의 적극적인 연구개발이 무조건 성공하리라는 보장은 누구도 할 수 없습니다. 다만, 저는 적어도 연구개발을 꾸준히 적극적으로 담담히 해내고 있는 기업이라면 이 기업 CEO의 비전 또한 믿어 봄 직하다고 판단했습니다. 다행히도 저는 샘표식품을 통해 30%에 육박하는 수익률을 거둘 수 있었습니다.

II. 경쟁사를 이겨라

가치제안
- 비즈니스모델 분석의 핵심

비즈니스모델의 가장 중요한 파트에 오셨습니다. 바로 가치제안입니다. 기업이 **고객에게 무엇을 전달하느냐에 대한 고민**입니다. 기업이 고객에게 제품과 서비스를 전달하지, 달리 전달하는 게 있느냐고 질문하실 수도 있겠습니다. 그렇게 간단한 문제였으면 비즈니스모델에서 따로 다루지도 않았겠죠?

고객은 무엇 때문에 우리 회사를 찾아오는가

가치제안은 기업이 판매하는 제품 또는 서비스와 완전히 별개의 개념입니다. 기업이 자사의 제품과 서비스를 통해 **고객에게 어떤**

"효용"을 전달하느냐에 대한 논의입니다. 약간 추상적이죠? 구체적인 예시를 통해 대화해 봅시다.

20년 전으로 돌아가 볼까요? 90년대 후반에서 2000년대 초반에 프린터는 지금처럼 그렇게 대중화된 전자제품이 아니었습니다. 막 가정용 프린터가 보급되던 시기였기에 프린터는 상당히 고급재였습니다. 당시 프린터 산업을 주름잡던 일본과 미국 업체들의 성장이 가시화되었죠. 하지만 문제가 발생합니다. 2000년대 중반, 중국이 프린터를 엄청나게 싸게 공급하기 시작하면서 일본과 미국 업체들의 수익성에 타격이 온 겁니다. 미국/일본 프린터 기업들은 자신들의 전략을 다시 고민합니다. "고객이 필요로 하는 게 프린터라는 기계일까?" 아닙니다. 고객이 필요로 하는 것은 **프린트되어 나오는 출력물, 즉 소프트웨어**입니다. 프린팅 서비스가 필요하지, 프린터라는 기계 자체가 필요한 것이 아니었죠.

미국/일본 업체들은 아예 프린터 생산을 중국에 외주 맡기고, 자신들은 잉크를 비싸게 파는 전략으로 수정합니다. 잉크는 첨단도료의 일종이기 때문에 중국이 쉽게 따라 할 수 없었거든요. 그렇게 가치제안을 훌륭히 수정한 'Epson' 등의 기업은 아직까지도 상당한 마진을 내며 성장 중입니다.

명품 브랜드가 소비자에게 부여하는 효용은 무엇이라고 생각하세요? 샤넬이 그 비싼 가방을 통해 사모님들에게 뭘 전달하고자 할까요? 과하게 말하면 샤넬 가방에서 샤넬 로고를 떼는 순간 가격은 급격하게 떨어질 겁니다. 샤넬은 고객에게 다음의 메시지를 전달합니다. "나 샤넬 매는 여자야."

'나는 샤넬을 쓰는, 쓸 정도의 고객이다'라는 정체성에 고객은 수백, 수천만 원을 지불합니다. 명품 브랜드의 가치제안은 브랜드 정체성인 것이죠.

가치가 정의된다고 끝이 아니다, 가치는 팔려야 한다

안타깝게도 가치제안이 정의된다고 해서 끝이 아닙니다. 그 가치를 세상이 필요로 해야 합니다. 바로 예를 들어 볼까요?

저는 정량적인 분석과 인사이트를 통해 주식투자자들에게 건강한 투자를 전달하는 사람입니다. "건강하게, 맘 편하게, 오래" 하는 투자가 저의 가치입니다. 하지만 한국 주식시장에 오로지 단기적인 플레이만 하는 투자자들이 넘쳐 난다고 해봅시다. 대부분의 한국 주식투자자들이 "가치투자는 필요 없어. 무조건 트레이딩만 해야 해."라고 생각하는 것이죠.

가치투자자로서 제가 갖고 있는 가치는 분명합니다. 하지만 세상이 제 가치를 알아주지 않습니다. 팔리지를 않아요. 이럴 때 제가 선택할 수 있는 옵션은 크게 두 가지일 겁니다. 첫째, 저도 가치투자 강의를 접고 트레이딩, 차트분석 등의 강의를 하는 겁니다. 둘째, 그게 싫다면 가치투자 강의를 매우 저렴하게 공급하는 겁니다. 사람들에게 그런 단기적인 접근 말고도 이런 방식의 투자도 있다고 전달하고는 싶은데, 당장의 수요가 없으니 엄청 싼 가격에 제 메시지를 전달하는 것이죠. 그럼 매출이 날지는 모르지만 많은 이익을 남기기는 어려울 겁니다.

기업의 가치를 세상이 강하게 필요로 한다면 그만큼 기업은 판매가격을 높게 책정할 것이고, 기업의 영업이익률은 자연스럽게 높아질 겁니다. 반대로 말하면 영업이익률이 높게 유지되는 기업은 모르긴 몰라도 뭔가 확실한 경쟁력이 있다는 겁니다. 이것이 제가 마진이 높은 기업을 사랑하는 이유입니다.

고객구성
– 나의 고객은 누구?

자, 이제 고객구성으로 넘어옵시다. 고객을 분석하는 가장 좋은 방법은 기업의 고객, 그리고 고객별 매출을 일일이 나열하는 겁니다. 하지만 외부 이해관계자인 저희가 이 정보를 알 수 있는 경우는 거의 없습니다. 그렇다면 기업의 고객구성을 어떻게 바라봐야 할까요?

B2B와 B2C를 구분하라

먼저 기업의 고객이 어떤 성격을 가진 고객인지 판단해 보세요. 저는 기업을 크게 B2B와 B2C로 나눕니다. B2B는 'Business to

Business'의 약자입니다. 다른 기업을 상대로 사업을 한다는 것이죠. B2C는 'Business to Consumer'의 약자입니다. 일반 소비자를 대상으로 사업을 한다는 겁니다. 어떤 유형이 더 어려울까요?

보통 B2C 사업이 난이도가 훨씬 높습니다. B2B 기업이 성공하는 방정식은 어느 정도 유형화가 되어 있습니다. 나도 기업이고, 고객도 기업이기 때문에 서로 니즈가 비슷합니다. 가격, 품질, 납기 3박자가 맞아떨어지면 상대적으로 실적을 내기 쉽습니다. 하지만 일반 소비자는 다릅니다. 저도 수많은 기업을 분석하고, 수많은 스타트업을 컨설팅하지만, 소비자의 마음은 정말이지 종잡을 수 없습니다. 소비자는 가격이 싸다고 사지 않습니다. 품질이 좋아도 무시하기도 합니다. 너무 쉽게 구할 수 있는 물건은 외려 희소성이 낮다고 무시하기도 합니다. 제품의 성능은 무시하고 디자인만 보고 구매의사결정을 내리기도 하죠.

대표적인 사례로 최근 엄청난 사랑을 받고 있는 미국의 스탠리 텀블러가 있습니다. 차량 화재 사고 속에서도 너무나 멀쩡하고 그 안의 얼음까지 녹지 않았던 스탠리 텀블러의 이야기가 SNS에 회자되었고, 기존의 어두운 초록색 디자인에서 벗어나서 파스텔톤부터 핫핑크까지 다양한 디자인으로 순식간에 미국 MZ세대의 사랑을 받기 시작했죠. 특히 핑크색 텀블러는 정가의 10배가 넘는 가격에 거래되기도 합니다. 이유는? 그저 사람들이 열광하기 때문입니다. 내 친구들이 열광하는데 나 혼자 열광하지 않을 수 없는 심리가 작용한 것이죠.

이렇듯 B2C는 정말 소비자의 입맛과 트렌드를 교묘하게 따라가야 하는 어려운 영역입니다. 그만큼 성공했을 때 따라오는 성장과 마진도 압도적입니다.

고객은 집중되어 있을까, 분산되어 있을까?

다음 그림을 볼까요? 시장은 공급자가 한 명인 경우와 많은 경우, 수요자가 한 명인 경우와 많은 경우로 나눌 수 있습니다. 결국 2×2, 네 가지 경우의 수가 나오겠네요.

수요도 한 명, 공급도 한 명인 경우 이 둘은 서로 없어서는 안 되는, 사랑하는 사이입니다. 시간이 지나면 두 회사가 합병하는 경우가 많습니다.

수요는 한 명인데 공급이 많은 경우 기업 입장에서는 최악의 상황입니다. 유일한 고객을 위해 모두가 피 튀기는 경쟁을 해야 하기 때문입니다. 보통 현대차나 기아에 동일한 자동차 부품을 납품하는 수많은 벤더 회사들이 이런 상황에 놓여 있습니다. 현대차 입장에서는 벤더를 다원화하면서 가장 합리적인 가격에 부품을 조달받을 수 있어 좋지만, 반대로 벤더 회사들은 피 말리는 영업을 뛰어야 합니다. 우리는 이를 "수요독점"이라 부릅니다.

수요는 많은데 공급은 한 명인 경우가 바로 "독점"입니다. 기업이 가장 선호하는 상황이죠. 하지만 한 기업이 영원히 시장을 독점할 수 있는 경우는 그리 많지 않습니다. **초과이익은 언제나 경쟁자의 진입을 부른다**는 말을 기억하시기 바랍니다. 만약 경쟁사의 진입을 차단하면서 계속해서 독과점 구조를 유지할 수 있는 기업이라면, 그 기업이야말로 여러분이 투자하셔야 하는 회사입니다.

독점과 관련된 대표적인 사례로 2024년 반도체 시장의 가장 뜨거운 감자인 HBM3E를 사실상 독점하고 있는 SK하이닉스를 들 수 있습니다. 글을 쓰는 기준으로 HBM4(6세대)는 나오지 않았으므로 AI가속기에 쓰이는 가장 고성능의 고대역폭 메모리가 HBM3E(5세대)인데, 이 반도체를 안정적으로 양산할 수 있는 기업은 사실상 SK하이닉스가 유일합니다. SK하이닉스의 점유율을 95% 이상으로 보는 리서치도 있을 정도입니다. 경쟁사인 마이크론은 최대 고객인 엔비디아의 퀄테스트를 통과했지만 생산규모가 따라와 주지 않아 유의미한 점유율을 보여 주지 못하고 있고, 삼성전자 역시 다양한 기술적 문제로 엔비디아 퀄테스트 통과가 지연되고 있습니다. 하지만 현재 시장의 예상은 삼성전자가 빠르면 3분기 말, 늦어도 4분기 중으로는 엔비디아의 퀄테스트를 통과할 것이라고 하며, 삼성전자가 배수진을 치는 느낌으로 퀄테스트와 양산을 동시에 준비하고 있다고 합니다. 삼성전자의 유의미한 진입이 없는 현재까지는 SK하이닉스가 HBM3E를 독점하면서 엄청난 마진을 향유하고 있지만, 4분기부터는 2~3분기 수준의 마진을 내기 어려울 것이라는 것이 제 전망입니다.

수요도 많고 공급도 많은 경우를 우리는 "완전경쟁"이라고 부릅니다. 완전경쟁 시장에서 기업은 주로 두 가지 요인, 가격과 품질로 경쟁합니다. 여러분이 아는 대부분의 시장은 완전경쟁과 과점의 사이에서 움직입니다.

고객관계
- 자네는 고객을 붙잡아 둘 수 있는가

앞에서 고객이 누구이고, 어떻게 분포되어 있는지 살펴봤다면, 이제는 더 다이내믹하게 기업과 고객이 어떠한 관계를 맺고 있는지 살펴볼 시간입니다. **고객의 기업에 대한 충성도가 높을수록 기업이 경영하기 편해집니다.** 고객이 기업의 제품과 서비스가 너무 맘에 들어서, 혹은 기업의 제품과 서비스 없이는 살 수 없는 지경이 되어서 기업을 떠나지 않는다면 우리는 고객이 기업에 락인(lock-in)되었다고 표현합니다.

충분히 많은 고객이 락인되어 있는 기업이라면 신규고객 유치를 위해 그리 치열하게 고민하지 않아도 될 겁니다. 고객 이탈률이 낮아지면서 자연스럽게 기업의 시장점유율은 상승하겠죠. 거꾸로 기업의 시장점유율이 이미 높다면 어떤 이유로든 고객을 꽉 잡아 두는 경쟁력이 있다고 파악하시면 되겠습니다.

고객이 락인되어 있습니까?

고객 락인과 관련하여 가장 대표적으로 다룰 수 있는 기업이 바로 넷플릭스입니다. 비디오 대여 사업을 하던 넷플릭스는 혁신적으로 비즈니스모델을 바꿔 초기 OTT 산업을 이끌었습니다. 언제 어디서든 원하는 콘텐츠를 실시간으로 즐길 수 있다는 메리트는 소비자들로 하여금 한 달에 1만 원 안팎의 가격을 충분히 지불할 용의를 갖게 하였습니다.

하지만 OTT의 경쟁이 치열해지면서 넷플릭스는 스트리밍 서비스만으로는 고객을 충분히 락인할 수 없다고 판단하였고, 자체적으로 제작한 넷플릭스 오리지널을 선보이며 다른 플랫폼에서는 절대 즐길 수 없는 넷플릭스만의 콘텐츠를 통해 소비자를 붙잡아 두려고 하였습니다.

물론 넷플릭스 오리지널이 상당한 인기와 성공을 누렸지만, 아마존프라임, 디즈니플러스, 애플TV 등 경쟁사들의 공세에 한때 구독자 증가율이 떨어지면서 주가가 급락하는 경우도 있었고, 이제는 광고형 요금제 등을 추가하며 소비자를 붙잡으려고 갖은 애를 쓰고 있습니다. 자체적인 경쟁력이 아닌 가격인하를 통해 고객의 니즈를 소구해야 하는 상황이라면 이미 회사 스스로도 과거의 영광을 누릴 수 없다는 것을 시인하는 꼴이겠죠.

한국 시장에서는 상황이 더합니다. 유통 공룡 쿠팡이 쿠팡플레이를 출시하고, 막대한 자본력으로 시청자의 이목을 사로잡는 다양한 예능 및 스포츠 콘텐츠를 선보이면서 넷플릭스의 고객 락인을 깨뜨리고 있습니다.

이렇듯 한번 이루어진 고객 락인이 영원히 유지되는 것은 아닙니다. 때로는 경쟁사가 진입하면서, 때로는 산업의 트렌드가 바뀌면서 기업이 면밀히 대응하지 않으면 락인되었던 고객도 일순간에 기업을 떠납니다. 여러분이 투자하시는 기업이 고객을 락인하고 있는지, 락인하고 있다면 그 요소는 무엇인지, 그 요소를 앞으로도 지켜 갈 수 있을지 고민해 보시기 바랍니다.

유통채널
– 기업은 자신의 가치를 어떤 통로로 전달하는가

유통채널은 기업의 가치가 고객에게 전달되는 통로입니다. 패션 브랜드로 치면 어떤 브랜드는 백화점을 통해 유통되고, 어떤 브랜드는 아웃렛, 혹은 그 이하 채널을 통해 고객에게 전달됩니다.

전후방 지배력, 당신의 기업은 "갑"인가요?

밸류체인은 제품의 기획, 개발부터 원자재의 조달, 제조, 판매, A/S까지의 일련의 과정에서 부가가치가 창출되는 각 단계를 의미하는데요, 유통채널 분석에서 가장 중요한 것은 여러분이 분석하시는 기업이 밸류체인 내에서 갑인지 을인지 판단하는 겁니다.

다음 그림을 보실까요? 기업이 제품을 판매하는 쪽을 전방이라고 하고, 기업이 원재료를 조달받아 오는 쪽을 후방이라고 합니다. 전방 지배력이 높다는 것은 기업이 고객을 상대로 갑의 위치에 있다는 것이고, 후방 지배력이 높다는 것은 기업이 공급처를 상대로 갑의 위치에 있다는 것입니다.

소비자 쪽으로 갈수록 전방, 원재료 쪽으로 갈수록 후방!

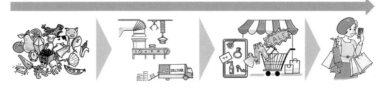

바로 퀴즈를 내 보겠습니다. 제약산업의 전방 지배력은 높을까요, 낮을까요? 높다고 생각하시는 분들은 철저히 환자의 입장에서 생각하시는 겁니다. 안타깝게도 제약산업의 고객은 여러분이 아닙니다. 제약회사의 고객은 병원과 의원입니다. 그리고 병/의원이 여러분을 고객으로 응대합니다. 의료기관은 상당한 교섭력을 갖고 있는 집단입니다. 그러한 집단에 의약품을 판매해야 하는 제약기업들은 상대적으로 을의 위치에 있고, 실제로 대다수의 제약기업들은 고객관계 안정화를 위해 상당한 부대비용을 지출합니다. 전방 지배력이 낮은 것이죠.

백화점의 후방 지배력은 어떻다고 생각하세요? 백화점의 후방에는 입점 브랜드가 있습니다. 백화점은 절대 다수의 브랜드에 대해서는 상당히 높은 후방 지배력을 보유하고 있습니다. 브랜드가 백화점에 입점하기 위해 꽤 많은 판촉비를 지출하는 것을 보면 당연한 판단이기도 합니다. 하지만 백화점이 절대적 열위에 있는 브랜드가 있죠. 에르메스, 샤넬, 루이비통 등의 명품 브랜드입니다. 이 경우에는 거꾸로 백화점이 명품 브랜드를 입점시키기 위해 갖은 애를 씁니다.

이렇게 기업의 전/후방에 어떤 존재가 있는지를 파악하고, 기업이 전/후방에 대해 얼마만큼의 교섭력을 갖고 있는지, 기업이 갑인지 을인지 판단하시다 보면 장기적으로 기업이 확실한 마진을 챙겨 갈 수 있는 포지션에 있는지 조금은 감이 잡히시지 않을까 생각합니다. 당연히 전/후방 지배력이 높을수록 마진은 극대화되겠죠?

유통채널의 변화는
아주 가끔 혁신으로 이어집니다

아주 가끔 기업의 유통채널이 근본적으로 바뀔 때가 있습니다. 그리고 그 변화가 또 아주 가끔 엄청난 혁신과 폭발적인 성장으로 이어지기도 하죠.

배달의민족은 처음부터 배달 앱을 기획하고 만든 사업이 아닙니다. 원래는 동네 맛집을 소개하는 전단지를 붙이던 회사였습니다. 하지만 이를 앱으로 만들고 사람들을 끌어들이더니 배달이라는 기능이 붙어 엄청난 플랫폼이 되었습니다. 오프라인의 단순한 사업 모델을 온라인으로 전환했더니 과장을 약간 더해 거대 공룡 플랫폼이 되어 버린 것이죠.

거꾸로의 전환도 가능합니다. 온라인을 위주로 성장했던 기업이 오프라인 고객의 니즈를 새롭게 타깃하여 들어가는 경우도 있습니다. 무신사가 대표적인 케이스죠. 무신사는 온라인 패션 플랫폼으로 지금도 굉장히 빠르게 성장하는 회사입니다. 사실 표면적으로는 온라인이 오프라인에 비해 훨씬 효율적입니다. 온라인에서 이미 성공했기 때문에 충분히 온라인에 머물 수 있는데도 불구하고 무신사는 '무신사 스탠다드' 오프라인 매장을 통해 고객과의 접점을 늘리고 있습니다. 온라인에서는 가져갈 수 없는 "고객경험"을 무탠다드라는 혁신적인 공간을 통해 극대화하는 것이죠. 사람들은 무탠다드를 그저 쇼핑하는 공간으로만 활용하지 않습니다. 무신사의 정체성을 공유하고 그 공간을 체험, 경험하는 계기로 활용합니다.

비용구조
– 모든 숫자는 가격과 수량의 곱

지금부터는 앞에서 배운 재무제표의 복습이라 생각하시면 됩니다. 모든 숫자는 가격과 수량의 곱으로 표현된다고 했던 것, 기억하시나요? 비용도 마찬가지입니다. 주요 비용을 가격과 수량으로 잘라만 보더라도 상당히 많은 인사이트를 가져가실 수 있습니다.

비용이 증가했다!?

어떤 기업의 매출이 그대로인데 원재료 비용이 증가했다고 해보죠. 두 가지 가능성이 있습니다. 1)원재료 단가가 상승했거나, 2)동일한 매출을 내기 위해 원재료가 더 많이 필요했거나입니다. 전자의 경우라면 기업이 원가 인상분을 판가 인상분으로 고객에게 전가할 수 있는지 확인하서야 합니다. 전가할 수 있다면 원가 인상에도 불구하고 회사의 마진은 유지될 겁니다. 후자의 경우라면 약간 불편합니다. 동일한 물건을 생산하기 위해 원재료가 더 투입되어야 한다는 것은 제조공정 단계에서 수율이 낮아졌다(불량률이 높아졌다)고 이해하셔야 합니다. 특별히 원재료를 더 투입해 좋은 품질의 제품을 만들고자 하는 의도적인 전략이 아닌 한 내부적으로 개선이 필요한 상황입니다.

인건비가 상승했다면 어떨까요? 인건비도 직원의 평균 연봉과 직원 수로 나눠서 살펴볼 수 있습니다. 평균 연봉이 상승했다면 경쟁사의 평균 연봉과 비교해 보셔야 합니다. 이런 부분이 참 말씀드리기 조심스러운 부분입니다. 많은 분들이 회사의 직원으로 재직 중이신 것을 알기에 회사의 입장에서 인건비를 어떻게 바라봐야 하는지가 다소 민감한 경우가 있네요. 그럼에도 불구하고 회사 입장에서는 직원의 평균 연봉이 경쟁사보다 많이 높다면 다소 비효율적으로 인력을 운용하고 있다고 봐야 합니다.

반대로 직원 수가 증가했다면 어떨까요? 사실 매출이 증가하고 회사 규모가 커지면서 직원 수가 증가하는 것은 자연스러운 일입니다. 하지만 매출이 전혀 증가하지 않았는데 직원 수만 증가한다면 경영진 입장에서는 상당한 악재입니다. 1인당 생산성(=매출/직원 수)이 낮아졌다고 표현하는데요, 예컨대 과거에는 직원 한 명이 제품 1,000개의 생산에 기여했던 것이 이제는 제품 900개 정도의 생산에밖에 기여하지 않게 된 상황입니다.

전력, 용수 등 에너지 비용, 수출입 비용, 수수료 비용 등 다른 비용 항목들도 마찬가지입니다. 조금 더 디테일한 분석을 하고 싶다면 'Price × Quantity'의 공식을 꼭 기억하시기 바랍니다.

매출원
- 구조의 다변화

    매출을 정확하게 추정할 수 있으면 얼마나 좋을까요? 하지만 기업의 미래 매출은 그 기업 대표님도 알지 못합니다. 그저 목표치를 달성할 수 있도록 심혈을 기울일 뿐입니다. 여러분들께서도 매출을 너무 정확하게 추정하느라 골머리 썩이는 일이 없으셨으면 좋겠습니다. 단지 기업의 매출이 장기적으로 우상향할 수 있는 가능성이 있는지만 상상해 보시면 좋겠습니다.

매출도 가격×수량

    비용과 마찬가지로 매출도 각 제품의 가격과 수량의 곱으로 나타낼 수 있습니다. 앞에서 손익계산서 분석의 '욕심내기' 파트를 보신 분이라면 가격의 상승보다 수량의 상승으로 인한 매출 증가가 보다 건강하다고 말씀드렸던 것을 기억하실 겁니다. 비즈니스모델 차원에서 다시 한번 강조드리겠습니다.

아주 단순하게만 생각하면 가격이 상승해서 매출이 상승한 것이 더 유리하다고 생각하실 수 있습니다. 같은 제품을 더 높은 가격에 파는 것만큼 기분 좋은 일이 없기 때문입니다. 안타깝게도 한국의 대부분의 기업들이 판매가격을 올리는 경우는 제조원가가 올랐기 때문인 경우가 절대 다수입니다. 중간재 제조업의 특징이기도 합니다. **판가가 올라서 매출이 상승해도 원가가 똑같이 올랐다면 마진 차원에서는 나아진 것이 하나도 없습니다.** 뿐만 아니라 한국 기업들은 대개 밸류체인상의 교섭력 문제로 원가가 오른 만큼 판가를 올리지 못하는 경우가 많습니다. 원가가 20% 올랐을 때 고객에게 사정사정해서 겨우 판가를 10~15% 올리는 정도입니다.

판매량이 상승하여 매출이 증가한 것이 대개 더 "건강"하다고 표현합니다. 고객이 기업의 제품과 서비스를 더 원했다고 해석할 수 있기 때문입니다. 물론 올해 제품에 대한 수요가 증가했다고 해서 내년에 그만큼 또 증가한다는 보장은 없지만 적어도 판매량의 상승이 추세를 그리고 있다면 기업이 꾸준히 고객의 니즈를 소구하고 있다고 해석할 수 있습니다.

단언컨대 **가장 좋은 케이스는 원가는 유지하면서 기업이 독자적**

인 경쟁력으로 판가를 올릴 수 있는 경우입니다. 이 경우야말로 기업이 소비자에게 역으로 갑질을 하고 있는 상황입니다. 대표적인 사례가 애플이죠. 원가는 최소화된 상태로 유지하면서도 아이폰의 판매가격은 꾸준히 올라 왔습니다. 보통 제품이 그저 그런 경우라면 가격을 올렸을 때 수요는 매우 민감하게 반응하면서 떨어집니다. 하지만 아이폰은 그저 "아이폰이라는 이유만으로" 사람들의 소비욕을 자극합니다. 가격을 올리고 올려도 소비는 계속됩니다. 한국 기업 중에서도 고객을 상대로 이런 경쟁력을 갖고 있는 기업이 있으니 찬찬히 살펴보시기 바랍니다.

매출원을 확장할 수 있나요?

제품 하나의 매출을 극대화하는 것은 아무래도 한계가 있습니다. 기업이 성장하다 보면 더 이상 기업의 제품을 소비해 줄 새로운 고객이 유입되지 않는 수준에 다다르게 됩니다. 이때 필요한 것이 매출원 확장입니다.

항상 하이브의 전략을 매출원 확장의 모범 사례로 활용합니다. 하이브는 자신들의 전략을 세 단계로 구분합니다. 레이블 - 솔루션 - 플랫폼이 그것입니다. 먼저, 하이브에 소속된 BTS, 르세라핌, 뉴진스 등 수많은 아티스트들이 직접 매출을 창출합니다. 음반/음원 매출, 공연 수익 등이 여기에 포함되겠네요. 하지만 아티스트를 무한정 늘리는 것에는 한계가 있습니다. 아티스트 간 경쟁을 피할 수 없고, 매니징하는 아티스트에 큰돈 들여 투자한다고 해서 그들 모두가 성공한다는 보장도 없습니다. 그래서 선택한 것이 "솔루션"입니다. 하이브는 레이블을 활용해 2차 매출을 파생시킵니다. MD상품, 굿즈, IP, 콘텐츠 등으로 단순 음악을 넘어선 고객경험을 제공합니다.

하이브의 전략은 여기서 끝나지 않습니다. 이제는 확장된 경험을 누리는 고객을 아예 하이브라는 세계관에 락인(lock-in)시킵니다. 그 일환이 바로 "플랫폼"을 통해 이루어집니다. 하이브는 위버스라는 플랫폼을 통해 팬들과 아티스트를 연결합니다. 위버스를 통해 아티스트와 팬이 직접 소통할 수도 있고, 라이브 스트리밍 중 한정판 굿즈 판매 등 차별화된 연결을 시도합니다.

이렇게 하이브는 아티스트의 음악 활동에 매출원을 한정시키지 않고 파생상품을 통해 2차 매출, 플랫폼을 통해 3차 매출까지 확장합니다. 저는 이렇게 **제자리에 머무르지 않는 기업**을 좋아합니다. 기업의 모든 전략과 비전이 성공할 수는 없습니다. 하지만 제자리에 머무르기보다 어떻게든 새로운 가치를 창출하기 위해서 몸부림치는 기업이라면, 그것이 구체적으로 매출원의 확장으로 이어지는 기업이라면, 당장의 실적이 마음에 들지 않더라도 조금은 믿고 기다려 줄 수 있지 않을까요?

비즈니스모델을 마무리하며

어떠셨나요? 꼭 숫자가 아니더라도 기업의 경쟁력을 풀어낼 수 있답니다. 간혹 이런 질문을 던지시는 고객분들이 계십니다. 재무제표는 좋은데 비즈니스모델은 안 좋으면 어떡하나요? 반대로 비즈니스모델은 좋은데 재무제표는 별로이면 어떡하나요?

진짜 좋은 기업은 **재무제표와 비즈니스모델이 모두 훌륭한 기업**입니다. 장기적인 관점에서는 재무제표와 비즈니스모델이 아주 긴밀하게 연결되어 있습니다. 비즈니스모델이 훌륭하면 그 경쟁력이 결국 좋은 실적과 효율적인 재무구조로 선순환됩니다.

비즈니스모델은 좋은데 재무제표는 별로라면 아마 기업의 경쟁력이 숫자로 발현되기까지 시간이 조금 걸리는 단계이거나 그런 업종에 속해 있을 확률이 높습니다. 단기적으로 투자를 과하게 집

II. 경쟁사를 이겨라

행해야 하는 상황에서 수익성과 주주환원을 희생하고 있을 수도 있습니다. 하지만 걱정 마세요. 결국에는 재무제표도 돌아올 겁니다.

재무제표는 좋은데 비즈니스모델이 안 좋다면 약간은 걱정해서야 하는 기업입니다. 지금까지는 나름 괜찮은 사업을 하면서 좋은 재무구조를 유지했지만, 미래 성장동력은 잃어버렸을 때 이런 현상이 나타납니다. 결국 재무제표도 비즈니스모델을 따라 점점 비효율적으로 바뀔 확률이 높습니다.

처음 해보시는 기업분석을 공부하시느라 고생 많으셨습니다. 이제는 기업의 가치를 평가할 때입니다. 서두에서도 강조드렸듯이, 기업이 좋다고 여러분의 주식투자 수익률이 무조건 높아지는 것은 아닙니다. **여러분은 좋은 기업과 좋은 주식을 구분하셔야 합니다.** 그 비밀은 바로 기업의 적정주가를 계산하시는 겁니다. 다음 장에서 제 투자수익률을 극대화해 준 알짜배기 기업가치평가론을 다루겠습니다.

마음에 쏙 드는 기업이 아니라면 절대 큰 비중을 싣지 마십시오. 버핏의 위대한 말씀을 인용해 보겠습니다.

버핏 할아버지가 야구를 참 좋아한다고 합니다. 야구에는 삼진아웃이 있죠. 스트라이크 세 번이면 타석에서 물러나야 합니다. 그것이 두려워 타자는 2 스트라이크 상황에서 다음 배트를 휘두를 가능성이 매우 높고, 때로 투수는 이 심리를 이용해 함정구를 던지기도 합니다.

투자에는 삼진아웃이 없습니다. 아무리 스트라이크가 많이 들어와도 내가 홈런을 칠 수 있는 공이 아니라면 절대 배트를 휘두르지 않아야 한다는 것이 버핏의 지론입니다. 적당한 안타라도 치면 되는 것 아니냐 하실 수 있지만 안타를 쳐 놓고도 출루하는 과정에서 아웃을 당할 수도 있지 않겠습니까?

처음 투자 공부를 시작할 때에는 이런 생각이 들었습니다.
"당연히 확실한 종목에만 승부를 걸어야지, 애매한 종목에 승부를 거는 건 바보 같은 거 아니야?"

이래 놓고도 애매한 종목에 저도 모르게 상당한 비중을 싣게 되는 경우가 생기더군요. 기업분석을 하다 보면 참 맘에 쏙 드는 기업을 찾기가 어렵습니다. 매출은 성장하는데 계속 적자를 내는 기업도 있고, 차입금이 없어서 좋은데 ROE가 낮은 기업도 있습니다. 재무지표는 좋은데 알고 보니 성장을 위한 비즈니스모델이 확립되지 않은 기업도 있더군요. 재무 분석과 비즈니스모델 분석 모두에서 좋은 결과가 나와서 신났더니 주가가 이미 상승했던 기업도 셀 수 없이 많습니다. 이런 과정이 반복되다 보면 마음속에 한 가지 타협의 속삭임이 들려옵니다.

"그냥 적당히 좋으면 대충 사도 되지 않을까? 이러다가는 분석만 하다 다 늙겠어."

악마의 속삭임입니다. 처음 세웠던 기준에 맞는 기업이 별로 없어서, 그래서 재미없어서, 자꾸 타협을 하다 보면 어느새 여러분의 포트폴리오는 별 볼 일 없는 기업만 즐비하게 될 겁니다.

물론 주가의 움직임을 판단하기 위해 정찰병을 보내 보는 정도의 투자는 유익합니다. 저도 새로 분석한 기업에 대해 아주 큰 확신이 없을 때, 그런데 제 관심 범위에서 놓치고 싶지 않을 때에 20~50만 원의 범위에서 정찰병을 보내 보고는 합니다. 그러다 분기별로 기업을 분석하고, 주가도 긍정적으로 반응할 수 있겠다는 확신이 들 때 본격적으로 자금을 투입합니다.

제가 경계하는 건 인내심이 부족해 충분히 매력적이지 않은 기업에 부담스러운 수준의 자금을 투입하는 경우입니다. 스트라이크에 배트를 휘두르지 않으면 괜히 관중의 시선이 따갑기도 하고, 내 마음이 조급해지기도 합니다. 그 시선과 마음에 지지 마십시오. 결국 **여러분의 실적은 홈런을 몇 번 쳤느냐로 결정된다**는 것을 잊지 마시기 바랍니다.

III.

시장을 이겨라
— 적정주가 분석

가치투자자가 수익을 창출하는 방식은 놀라우리만큼 간단합니다.

저는 강의를 하다 보니 평소에 꼭 노트북을 들고 다니는데요, 이번에 누가 신상 노트북을 하나 선물해 줘서 노트북이 하나 남게 되었습니다. 여러분께 적당한 가격에 노트북을 처분하고자 합니다. 제가 여러분께 노트북을 얼마에 사고 싶으시냐고 여쭤보면 여러분은 어떻게 대답하시겠습니까? 여러분께 이 노트북은 어느 정도의 "가치"를 할까요?

아마 여러 가지 생각을 하실 것 같습니다. 아직 노트북이 없으신 분이라면 괜찮은 상태의 노트북을 갖게 되었을 때 노트북을 가지고 누릴 수 있는 효용을 어림잡아 생각해 보실 것이고, 제 팬이시라면 '케빈쌤이 쓰던 노트북이라고? 소장해야겠어!'라고 하며 팬심을 가격에 반영하실지도 모릅니다. 이미 노트북이 있어서 굳이 필요 없으신 분이라면 빨리 팔아 버릴 생각에 해당 노트북 모델이 당근마켓에서 어느 정도에 거래되는지 정도는 감안해서 가격을 부르실 테지요.

만약 여러분께서 생각하시는 노트북의 효용가치가 100만 원 정도라고 합시다. 그런데 제가 여러분께 제시하는 가격이 70만 원입니다. 어떻게 하실 건가요? 네, 기분 좋은 마음으로 노트북을 사실 겁니다. 이번엔 제가 150만 원을 제시해 보겠습니다. 그럼 여러분은 거들떠보지도 않고 가던 길을 가실 겁니다.

가치투자자는 기업과 시장을 이렇게 바라봅니다. 내가 생각하는 이 기업의 가치는 1주당 10,000원인데, 주식시장에서 이 기업이 1주당 5,000원에 거래되고 있다면, "내가 생각하는 기업의 가치"에 비해서 "시장이 생각하는 가치"가 과도하게 낮은 겁니다. 제가 충분히 꼼꼼하게 기업을 분석하고 고민해 봤다는 전제하에, 이 경우 저는 "시장이 틀렸다"고 생각할 겁니다. 하지만 경제학에서 말하는 시장은 효율적이기 때문에 일시적으로는 시장이 틀린(비효율적인) 상태에 있더라도 내 계산이 맞다면 언젠간 효율적인 수준(적정가격)으로 돌아갈 것이라고 믿을 겁니다. 즉, 저는 **시장이 "틀리게" 제시하는 낮은 가격에 주식을 매수해서 제가 생각하는 적정 가치 이상으로 가격이 올라올 때 매도**하겠죠.

반대로도 마찬가지입니다. 제가 생각하는 기업의 가치에 비해서 시장가격(주가)이 너무 높게 형성되어 있다면 어떤 이유가 됐든 시장이 이 기업을 과대평가하고 있는 겁니다. 그럼 그 주식이 인기쟁이 핫한 주식이라 하더라도 가치투자자인 저는 매수를 지양하고 다른 주식을 찾아 나설 겁니다.

뒤늦은 이야기입니다만, 약 3년 전 모두가 '10만전자'를 부르짖을 때 제가 삼성전자에 투자하고 있음에도 삼성전자 주가 10만 원은 너무 과한 가격이라고 찬물을 끼얹었던 이유가 여기에 있습니다.

삼성전자는 좋은 기업입니다. 물론 글을 쓰는 지금은 HBM이라는 반도체 영역에서 SK하이닉스에 심각하게 뒤처지면서 시장의 계속된 우려를 자아내고 있지만, 당시만 하더라도 삼성전자는 좋은 기업이었고, 더 좋아질 수 있다는 기대를 한 몸에 받는 기업이었습니다. 저는 삼성전자가 잠깐 주춤하면서도 언젠간 위기를 견뎌낼 것이라고 믿습니다. 숱한 위기를 지나오면서 현재의 삼성전자가 존재하게 된 것이니까요. 하지만 **당시 96,000원을 뛰어넘던 삼성전자는 "좋은 주식"은 아니었습니다. 좋은 기업이지만, 나쁜 주식이었던 것**이죠.

문제는 삼성전자의 잠재력, 혹은 본질적인 가치(펀더멘탈)에 비해서 가격이 너무 높이 솟았다는 것이었습니다. 코로나가 터진 직후 4만 원대까지 떨어졌던 삼성전자는 좋은 기업인 동시에 너무 좋은 가격의 주식, 10년에 한 번 올까 말까 하는 파격세일의 주식이었다면, '21년 초 96,000원 하는 삼성전자는 너무 고평가된 주식이었던 겁니다.

제가 드리는 말씀을 곰곰이 듣고 있자니 이런 생각이 드실 겁니다.

"그래, 당신이 하고 싶은 말이 뭔지 알았어. 저평가된 주식을 사라는 말이잖아? 모두가 그 이야기를 하더라고. 근데 대체 기업이 저평가되어 있는지는 어떻게 아냐고!"

제가 주식투자를 처음 진지하게 시작했을 때 가장 힘들어하던 지점이었습니다. 힘들었던 만큼 기업가치를 평가하는 이론과 모델이 있다는 것을 알았을 때 충격은 이루 말할 수 없었습니다.

그저 감으로 주가를 때려 맞히는 것이 아니라 나름의 논리와 근거를 가지고 적정주가를 계산할 수 있다는 것, 심지어 그 방법이 무수히 많다는 것은 너무나 신나고 설레는 일이었습니다. 지금부터 실제 제가 투자할 때 자주 활용하는 밸류에이션(Valuation, 가치평가)을 소개합니다.

III. 시장을 이겨라

가치평가란?

적정주가를 계산하는 접근방식은 크게 두 가지로 나뉩니다. 상대가치법과 절대가치법입니다.

	상대가치법	절대가치법
주식가치법	PER, PBR, PEG	RI
기업가치법	EV/EBITDA, EV/Sales	DCF, EVA

[41]

상대가치법은 비교대상이 필요합니다. "비교대상이 어느 정도 평가를 받는다면, 그에 비례해서 이 기업은 이 정도 평가는 받아야 해!"라고 판단하는 것이죠. 복잡한 계산을 하지 않고 적당한 비교군만 있으면 빠르게 기업의 가치를 판단해 볼 수 있다는 장점이 있지만, 다소 정밀도는 떨어집니다.[42]

절대가치법은 말 그대로 기업의 가치를 절대적으로 계산하는 접근입니다. 비교대상 없이 그냥 "이 기업은 이 정도 가치를 갖고 있어!"를 계산하는 것이죠. 기업의 사업모델을 명확히 이해하고 있다면 절대가치법이야말로 계좌를 더욱 정밀하게 운용할 수 있게 해주는 기특한 수단입니다. 하지만 약간의 훈련을 필요로 한다는 점

....

[41] 주식가치법과 기업가치법의 구분은 본 도서에서는 생략합니다.
[42] 대표적인 예로 PER, PBR, EV/EBITDA, EV/Sales 등이 있음.

에서는 익숙해지기까지 조금 시간이 필요합니다.[43]

    본 도서에서는 상대가치법 두 가지(PER, PEG), 절대가치법 한 가지(RI)를 다루고자 합니다. 각 밸류에이션 모델의 핵심 중의 핵심만 다루었으니 편하게 따라와 보시면 좋겠습니다.

---

[43] 대표적인 예로 DCF(현금흐름할인법), EVA(경제적부가가치모형), RI(잔여가치법) 등이 있음.

모두가 쓰는 PER,
그래서 조심하세요!

　주식투자를 꽤 하신 분이라면 PER에 대해서는 들어 보셨으리라 생각합니다. PER은 기업의 주가가 적정한 수준인지 판단하는 가장 간단하고도 대중적인 방법입니다. 흔히 '퍼'라고 부릅니다. 영어로는 "Price-Earnings Ratio"라고 하고, 우리말로는 "주가수익비율"이라고 합니다.

　공식으로는 "시가총액 / 당기순이익" 또는 "주가 / 주당순이익"으로 계산합니다.

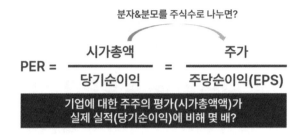

많은 분들이 고퍼(高PER)주, 저퍼(低PER)주를 언급하면서 단순히 '퍼가 높으면 고평가다, 저퍼주야말로 저평가이기 때문에 매수해야 한다!' 이렇게 이야기하시지만, 정작 PER의 진짜 의미를 명확하게 이해하고 쓰시는 분은 그리 많지 않은 듯합니다. 대체 왜 시가총액을 당기순이익으로 나누는 걸까요?

PER은 투자자가 원금을 회수하는 데 걸리는 시간

앞에서 창업했던 치킨집을 기억하시나요? 어느덧 치킨집이 안정적으로 매년 1억씩 순이익을 남기는 알짜배기 사업이 되었다고 합시다. 어느 날 제가 여러분을 찾아가서 치킨집을 팔라는 제안을 합니다. 얼마에 파시겠습니까? 아니, **최소한 얼마 정도는 받아야 팔 의향이 있으실까요?**

실제 강의를 하면서 1억을 제시하면 다들 그저 웃으십니다. 가만히 장사해도 연 1억씩 나는 사업체를 딸랑 1억에 넘기라고 하다니, 참 염치도 없습니다. 5억 정도를 부르면 슬슬 긍정적인 대답을 하시는 분들이 생깁니다. 8억을 부르면 꽤 많은 분들이 치킨집을 팔겠다고 하시고, 10억 정도면 보통 큰 고민 없이 제 제안을 수락하십니다.

이게 바로 PER의 개념입니다. 갑자기 무슨 뚱딴지같은 소리냐고요?

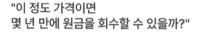

1년에 1억씩 남기는 치킨집은 순이익이 1억인 기업을 의미합니다. 매수자인 제가 여러분께 제시하는 가격은 주식의 전체 가격, 즉 시가총액을 의미합니다. 가장 많은 분들이 8억에 치킨집을 파는 데 동의하셨다면, 시가총액이 8억에 형성되어 있음을 의미합니다.

매도자인 여러분은 속으로 이런 생각을 하셨을 겁니다. "1년에 1억 남는 장사, 앞으로도 1억씩은 남길 수 있을 것 같아. **내가 몇 년**

치 이익을 땡겨 받으면 만족할까?" 그게 여러분께는 8년 정도였던 셈입니다.

반대로 매수자인 저는 이렇게 생각했을 겁니다. "내가 1년에 1억 남기는 치킨집을 8억에 인수하면 나는 **얼마나 기다려야 내 투자원금을 회수할 수 있을까? 8년이네?** 8년 정도면 기다릴 만하지! 계약합시다!"

이렇게 매수자의 "이 정도 이익을 땡겨 받으면 만족한다", 그리고 매도자의 "이 정도 이익을 먼저 주고서라도 사고 싶다"가 맞아떨어지면 거래가 성사될 것이고, 그것이 주식시장에는 주가인 동시에 시가총액이 되는 것입니다.

여러분이 PER배수를 보실 때 꼭 감을 잡으셔야 하는 부분은 바로 **"현재 이익이 유지되었을 때 몇 년 치 정도 이익을 먼저 가격으로 지불할 정도로 이 기업이 내 맘에 들까?"**입니다.

보통 이렇게 씁니다, 그래서 실수합니다

PER의 본질을 말씀드렸으니 일반적으로 주식시장에서 PER을 어떻게 적용하는지 소개하겠습니다.

보통 시장에서는 내가 분석하는 기업(A)과 동일한 업종에 속해 있는 기업들의 PER을 분석합니다. 제가 분석하는 A기업이 건설사라면, 다른 건설사들이 당기순이익에 비해서 몇 배 정도의 시가총액을 형성하고 있는지 평균적인 배수를 구하는 것이죠. 이 수치가 여러분들께서 네이버증권(finance.naver.com)이나 에프앤가이드(comp.fnguide.com)에서 찾아보실 수 있는 "업종 PER"의 개념입니다.

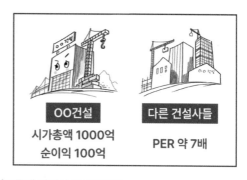

"친구들에 비해서 좀 비싼데?
건설 PER이 7배니까 OO건설은 700억 정도 하는 게 맞아!"

업종 PER을 구했다면 내가 분석하는 A기업의 PER을 구합니다. 만약 건설업종 PER이 7배 수준인데 A기업의 PER은 4배라면 어떨까요? 시장참여자들은 이런 생각을 하게 됩니다.

"아니, 같은 건설업을 하는데 다른 애들은 순이익 대비 7배 평가를 받는데 왜 A 혼자만 4배를 받아? 이건 좀 저평가된 것 같은데? 적어도 7배 받는 수준까지는 주가가 올라와야 하지 않을까?"

반대로 A기업 PER이 10배가 넘는다면 이렇게 생각할 겁니다.

"같은 건설업인데 A 혼자만 순이익에 비해서 높은 평가를 받는 게 말이 되나? 넌 고평가야!"

이렇게 동종업계(또는 피어그룹(Peer Group))에 비해서 PER이 낮다면 저평가이므로 매수, 높다면 고평가이므로 매도 결정을 하는 것이 일반적인 PER의 활용법입니다.

하지만 이 책을 읽는 여러분들께서는 단언컨대 이렇게 투자하시면 큰 실패를 면하지 못하실 겁니다. 대충 쓰는 PER에는 치명적인 문제점이 있기 때문입니다. 그 문제점들을 하나씩 짚어 보고, 여러분이 제대로 PER을 쓰기 위해서 어떤 요소를 고려하셔야 하는지 정리하겠습니다.

– 문제1: 피어그룹 선정, 진짜 할 수 있어요?

어떤 기업의 피어그룹(동종업계)을 일률적으로 정한다는 것 자체가 문제가 많습니다. 가장 쉽게 삼성전자의 피어그룹을 선정해 볼까요? 삼성전자와 유사한 기업들을 골라야 합니다. 삼성전자가 스마트폰 사업을 하니 당장은 애플이 떠오릅니다. 하지만 삼성은 애플과 달리 반도체 사업부문의 비중이 굉장히 큽니다. 애플은 아이폰에 들어가는 반도체를 직접 설계하긴 하지만 제작은 외주를 맡기니 삼성전자와 사뭇 다르다고 할 수 있습니다. 반도체라고 하니 한국의 경쟁사 SK하이닉스는 어떨까요? 안타깝지만 하이닉스는 반도체 중에서도 메모리 반도체에 올인하는 회사입니다. 하지만 삼성전자는, 비록 고전하고 있지만, 시스템(비메모리) 반도체도 크게 영위하고 있어 직접적인 비교는 안 됩니다. 삼성전자의 파운드리 사업부가 쫓아가려고 애를 쓰는 TSMC는 어떨까요? TSMC는 반도체 제조만 하는 기업입니다. 삼성전자는 반도체의 설계, 제조를 모두 하는 기업이죠. 반도체 영역에서 그나마 가까운 건 미국의 인텔이 될 듯도 한데, 인텔은 스마트폰, 가전 등 사업부가 없으므로 역시 좋은 비교대상이 아닙니다.

문제가 보이시나요? 산업 자체가 어지간히 단순하지 않은 이상 **특정 기업과 완벽히 동종인 기업을 찾을 수 없다는 문제**가 도사리고 있습니다. 어느 정도의 유사성을 바탕으로 추측할 뿐인데, 그렇기 때문에 PER로 기업가치를 평가할 때 실무자의 주관이 개입되면서 객관적이지 못한 가치평가가 이루어질 가능성이 큽니다.

– 문제2: 동종업계 PER이 맞다고 누가 그러던가요?

피어그룹을 적절히 찾았다고 가정해 보죠. 위에서처럼 건설업종 평균 PER이 7배랍니다. 그런데 말이죠……. 건설업 기업들의 PER이 7배인 것이 "정당화"될 수 있다고 누가 그러던가요? 그저 그들의 평균을 귀납적으로 살펴보니 7배라는 이야기지, 건설업종의 PER이 "7배여야 한다"고는 그 누구도 이야기해 주지 않았습니다. 만약 업종 전체가 고평가이거나 저평가인 경우는 어떻게 해야 할까요?

약간 과장된 예시를 들어 보죠. 관찰한 결과 건설업종의 평균 PER이 7배입니다. 그래서 우리는 PER이 5배인 A기업을 저평가로 생각했다는 것이죠. 하지만 갑자기 하나님이 나타나셔서 "얘들아, 건설업종의 PER은 사실 4배가 맞단다"라고 얘기해 주시는 겁니다. 그럼 저는 A기업이 저평가라고 생각했지만 알고 보니 고평가였기 때문에 고평가된 기업을 매수하는 끔찍한 실수를 하게 됩니다.

물론 정말로 누가 나타나서 특정 섹터의 적정 PER을 말해 준다는 것 자체가 비현실적입니다. 다만, **업종 전체가 과한 관심을 받고 있거나 과한 무관심 속에 있는 경우 업종 자체가 실질적 가치에 비해 고평가되거나 저평가될 수 있음**을 명심하시기 바랍니다. 섹터 평균 PER이 적정한 구간인지에 대한 판단 없이는 업종 내 기업에 대해 꽤 잘못된 판단을 할 가능성이 높습니다.

– 문제3: 이익이 변한다면…?

건설업종 PER이 7배입니다. 건설기업 A의 PER이 14배입니다. 우리는 A가 고평가라고 생각했습니다. A의 순이익이 100억인데 시가총액이 1,400억이었던 상황입니다. 하지만 1년 정도가 지나니 순이익이 200억으로 성장했습니다. 시가총액은 여전히 1,400억입니다. 그럼 1년 뒤 기준으로는 A의 PER이 7배로 낮아졌고, 업종 평균 PER과 동일해졌습니다. 알고 보니 A는 고평가가 아니었던 겁니다. 오히려 주주들이 기업의 성장을 미리 예측하고 그 기대를 주가에 선반영해 두었던 겁니다. 주가가 움직여서 PER이 움직인 것이 아니라 **순이익, 즉 실적이 움직여서 PER이 움직였던 것**이죠.

반대로도 마찬가지입니다. PER이 낮아서 저평가인 줄 알고 매수했던 기업의 당기순이익이 시간이 지나 떨어지면 PER이 높아지면서 업종 평균 PER에 맞춰지는 경우가 있습니다. 이 경우 그 기업은 저평가였던 것이 아니라 외려 하락할 실적을 시장이 미리 반영했다고 해석해야 하겠죠.

결국 PER이 높거나 낮다는 이유로 단순히 고평가나 저평가라고 판단하기 위해서는 적어도 **"현재 수준의 순이익이 유지된다는 가정"**이 필요합니다. 하지만 그 가정을 깔고 우리가 주식투자를 하기에는 실제로 순이익은 너무나도 많이, 그리고 크게 변동합니다.

여러분들께서 I장과 II장을 통해서 기업을 최대한 객관적으로 분석할 수 있는 힘을 기르신다면 기업의 미래 이익을 추정할 수 있을 것이고, 그렇게 추정한 미래 순이익을 바탕으로 PER을 해석하시는 것이 훨씬 정확합니다. 예컨대 기업의 최근 순이익이 100억이라 하여도 여러분이 객관적으로 분석해서 추정한 기업의 미래 순이익이 300억이라면 300억을 기준으로 PER을 계산하셔야 하는 것이죠. 물론 3년 이상의 미래를 가정하는 것은 너무 과합니다. 약 1~2년 정도의 미래를 반영하시는 것을 권장드립니다.

꼭 기억하세요. **핵심은 과거 실적이 아니라, 미래 실적**입니다.

100 / PER = 요구수익률

PER을 조금 더 유연하게 받아들이기 위한 저만의 방법을 소개합니다. 앞에 치킨집 예시에서 여러분과 저는 PER 8배에 치킨집 양수도 계약을 체결하였습니다. 매수자인 제 입장으로 와 보시죠.

저는, 적어도 치킨집의 이익이 유지된다는 가정하에, 매수금액 8억을 8년에 걸쳐 회복하게 됩니다. 그럼 투자원금을 1년에 어느 정도씩 회복하고 있는 걸까요? 네, 12.5%씩 회복하고 있습니다. 그 말은 저는 제가 투자한 원금에 대해 연 12.5% 정도의 수익률이 확보된다면 충분히 투자할 의향이 있다고 판단했다는 뜻입니다. 제가 치킨집의 매수자로서 치킨집에 요구하는 "최소수익률"이 12.5%인 셈입니다. 만약 제가 원하는 최소수익률이 12.5% 이상이었다면 저는 PER 8배라는 가격에, 즉 8억에 치킨집을 인수하지는 않았을 겁니다.

그래서 이런 공식이 나옵니다. **"100 / PER = 요구수익률"**

100 / PER = (최소)요구수익률
: 주주는 회사가 요구수익률만큼도 성장해주지 않으면 굳이 이 회사에 투자하고 싶지 않아한다!

여기서 요구수익률은 주주가 기업에 돈을 맡기기 위해 **최소한으로 요구**하는 수익률입니다. 여러분이 기업을 얼마나 맘에 들어 하

III. 시장을 이겨라

고 믿는지에 따라서 여러분이 기업에 요구하는 수익률은 달라질 겁니다. **기업을 믿을수록 요구수익률은 낮아집니다.** 믿기 때문에 기업이 당장 나한테 높은 수익을 돌려주지 않더라도 기다릴 수 있는 것이죠. 반대로 기업에 뭔가 문제가 있어서 쉽사리 돈을 맡기기 어려운 경우라면 당연히 처음부터 높은 수익률을 요구할 겁니다. 은행에서 대출을 받을 때 여러분의 신용도가 높을수록 대출금리가 낮아지고, 신용도가 낮을수록 대출금리가 높아지는 원리와 똑같다고 이해하시면 되겠습니다.

여러분께서 분석하시는 기업을 스스로 얼마나 믿는지, 기업과 얼마나 오래 동행하고 싶은지 생각해 보세요. 충분히 잠재력 있고 비전이 있는 기업이라면, 요구수익률이 낮아질 겁니다. 즉, 여러분께서 기업에 허용하는 PER도 높아지겠죠. 당장은 고평가처럼 보이더라도 기업의 힘찬 미래를 보고 기다릴 수 있다는 해석입니다.

케빈쌤은 이렇게 쓴다: 시장 평균 참고하기

이론적인 이야기는 여기까지 하고, 가장 실전적인 이야기를 해 보도록 하죠. 보다 경험적인 수치에 근거해서 제가 PER을 가지고 기업을 어떻게 판단하는지 소개합니다.

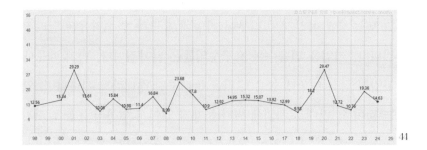

한국 시장에서 기업들의 평균 PER은 역사적으로 대략 10~15배 정도에서 움직입니다. 글을 쓰는 지금은 최근에 대다수 기업들의 이익이 감소하면서 평균 PER이 약 18배 정도로 올라갔지만, 역사적으로는 10~15배 내외에서 움직였습니다. 저는 이 수치를 바로미터로 활용합니다. 어지간한 기업의 적정 PER은 10~15배, 고성장하는 기업은 20~22배(기업의 성장가치를 믿고 더 오래 기다리겠다는 마음입니다), 정말이지 미친 수준의 성장을 한다면 아주 이례적으로 30배 정도를 적용합니다. [45]

44 연도별 KOSPI PER (출처: http://www.bookimpact.com/economy/?tp=1&dt=1)
45 예를 들어 영업이익률과 ROE가 상당히 높은 반도체 기업의 경우 20배 정도를, 2024년 상반기의 한미반도체 같은 경우 30배 정도를 적용합니다.

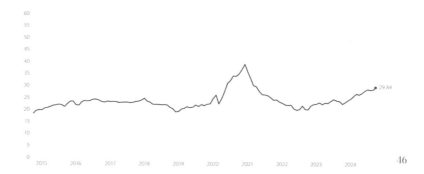

미국 시장의 경우 역사적인 평균 PER은 20~22배 정도로 계산됩니다. 고성장하는 기업이라면 약 30배, 미친 수준의 성장이라면 40배까지도 줄 수 있는 것이 미국 시장입니다.

너무 주먹구구식 해석이 아니냐라고 말씀하실 수 있겠습니다만, 제 경험상 앞에서 소개한 이론적인 방식들보다 이렇게 해석하는 것이 현실 설명력이 훨씬 뛰어났습니다. PER에 대한 평가는 약간의 뭉뚱그림으로 대략 가져가고, 기업분석을 더욱 철저히 하여 기업의 미래 순이익을 정확하게 계산했던 것이 훨씬 효과적이었다고 생각합니다.

....

46 연도별 S&P500 PER (출처: https://www.multpl.com/s-p-500-pe-ratio)

케빈쌤은 이렇게 쓴다: 과거 평균 참고하기

하나만 팁을 더 드려 보겠습니다. 때로는 시장의 평균 PER과 별개로 기업 나름의 이유로 실적 대비 상당한 고평가를 받는 경우가 있습니다. 이럴 때 앞에서 소개드린 10배/20배/30배 또는 미국 시장에서의 20배/30배/40배 룰을 적용하는 것이 불가능합니다.

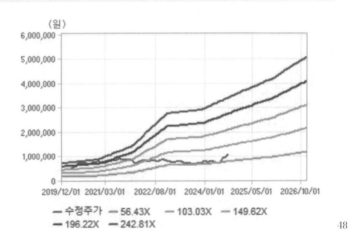

삼성바이오로직스 207940 | 12월 결산 | 🏠 📞 📍 | PER ⓘ 90.20 | 12M PER ⓘ 65.39 [47]

KSE 코스피 의약품 | FICS 바이오 | K200

PER Band

(원)

2019/12/01 2021/03/01 2022/08/01 2024/01/01 2025/05/01 2026/10/01

— 수정주가   — 56.43X   — 103.03X   — 149.62X
— 196.22X   — 242.81X

[48]

....

47 삼성바이오로직스 PER (24.08.07, comp.fnguide.com)
48 삼성바이오로직스 PER Band (comp.fnguide.com)

삼성바이오로직스는 생산 캐파 기준 바이오 CDMO 산업에서 글로벌 1, 2위를 다투는 엄청난 경쟁력을 가진 기업입니다. 계속해서 캐파 확장에 돈을 쏟아부으면서 항상 캐파에 비해서는 순이익이 낮았던 기업입니다. 하지만 시장은 당연히 삼성바이오로직스의 캐파에 집중하기 때문에 순이익 대비 PER은 언제나 말이 안 되어 보이는 높은 수준으로 유지되었습니다.

2019년부터 글을 쓰는 2024년 지금까지 삼성바이오로직스는 단 한 번도 PER이 56배 이하로 내려간 적이 없습니다. 앞에서 제시드린 10배/20배/30배 룰을 활용했다면 삼성바이오로직스는 쳐다보지도 못하는 기업이 되었을 겁니다. 이런 경우 저는 그 기업의 과거 PER Band를 활용합니다. PER Band는 기업의 과거 주가가 각 시기의 실적 대비 다다랐던 PER을 시계열로 표현한 자료인데요, 삼성바이오로직스의 경우 과거 5년간 가장 높은 평가를 받았던 지점이 PER 242배, 가장 낮은 평가를 받았던 지점이 최근의 PER 56배였습니다.

이런 경우 삼성바이오로직스는 시장 평균 PER의 논리가 아니라 독자적인 논리로 접근해야 합니다. 삼성바이오로직스가 캐파 확장을 계속하는 한, 그럼으로써 성장에 대한 시장의 기대감이 줄어들지 않는 한, PER 56배면 역사적 저점으로 받아들이고 매수를 시도해 볼 수도 있는 것이죠.

PEG,
비싸도 봐줄 수 있는 기업이 있다?

투자를 하다 보면 누가 봐도 고평가인 기업에 대한 해석을 어떻게 해야 할지 고민되는 시기가 옵니다. 아무리 봐도 고평가고, PER이 지나치게 높습니다. 하지만 사람들은 기업의 미래 성장에 대해 크나큰 꿈을 꾸면서 계속 주가를 들어 올립니다. 이런 시장 참여자들의 마음을 해석하기 위해 나온 개념이 바로 PEG, 'P/E to Earning's Growth'입니다.

이 지표는 **"기업의 PER / 이익의 예상 성장률"**로 구하며, **일반적으로 기준은 1로 봅니다.** PEG가 1보다 높으면 고평가, 낮으면 오히려 저평가로 보겠다는 관점인데요, 어떻게 이런 판단이 나오게 된 것일까요?

PER을 보완하는 PEG

글을 쓰는 지금 기준으로 반도체 섹터에서 가장 핫한 기업인 한미반도체를 기준으로 설명드려 보겠습니다. 한미반도체는 지난 2년간 우리 주식시장에서 가장 높은 상승률을 보인 종목 중 하나입니다. 14만 원이 넘는 주가를 기준으로 PER은 '23년도 순이익 대비 50배에 달합니다. 앞에서 한국 시장에서 미친 수준의 성장을 하는 기업이라면 PER을 30배 정도까지는 쥐도 된다고 말씀드린 바 있는데, 이 기업은 PER이 자그마치 50배입니다. 기존의 PER 관점으로는 한미반도체를 설명할 재간이 없습니다.

여기서 우리는 PEG를 참고할 수 있습니다. 증권가 컨센서스에 따르면 한미반도체의 '24년도 예상순이익은 1,770억, '25년도는 3,100억, '26년도는 4,682억 정도입니다. 만약 한미반도체가 정말 애널리스트의 예상처럼 성장해 준다면 '24년도 대비 '25년도의 순이익 성장률은 약 77%, '26년도의 '25년도 대비 성장률은 약 49%입니다. 평균적으로 연평균 62%에 해당하는 성장률입니다. PEG는 이렇게 말합니다. **만약 기업이 62%씩 평균적으로 성장할 수 있다면 PER 역시 62배 정도 되어도 "괜찮다"**고 말이죠. 즉, 한미반도체의 PER 50배는 (예상)이익성장률 62%를 감안하면 그렇게 비싸지도 않다는 해석입니다.

물론 케빈베스트먼트 포트폴리오를 운용할 때 PEG를 적용하는 경우는 거의 없긴 합니다. 저는 저평가까지는 아니더라도 적어도 적정주가의 범위에 있는 기업을 좋아합니다. 그에 반해 **PEG는 높은 PER을 정당화하기 위해서 약간 끼워 맞추는 느낌이 강하기 때문에** 보수적인 가치투자자의 입장에서 PEG를 활용하기가 다소 부담스럽더군요. 하지만 책을 읽으시는 여러분들께서는 다양한 투자 성향을 가지실 수 있기에, 조금은 비싼 주식이라 하더라도 꿈을 갖고 기다려 볼 때 최대한 판단의 근거를 갖고 의사결정을 내리셨으면 하는 마음에서 정리해 보았습니다.

결국 PER을 활용하실 때에도, PEG를 활용하실 때에도 **가장 중요한 것은 기업의 미래 이익을 정확하게 추정하는 것**입니다. 기업의 미래 실적에 대한 추정 없이는 아무리 정교한 밸류에이션 모델을 적용해도 신뢰도 있는 적정주가를 도출하기 어렵습니다. 핵심은 기업의 펀더멘탈이라는 것을 기억하시면서 이쯤에서 재무제표 분석과 비즈니스모델 분석을 떠올려 보시면 어떨까요?

RI, 케빈쌤의 비밀 무기

지금부터가 이 책의 꽃이자 무기입니다. 저는 PER과 PEG를 통해서 기업의 가격에 대해 아주 대략적인 감을 잡지만, 잔여가치법(RI)을 통해서 정밀하게 기업의 적정가치를 계산하지 않고는 그 어떤 투자의사결정도 내리지 않습니다.

누구 엄마가 더 행복할까?

잔여가치법을 가장 효과적으로 설명하기 위해 한국의 교육 현실을 예로 들어 보겠습니다. 보다 나은 이해를 위한 비교일 뿐이니 제가 특정 교육열에 대해 비판적인 시각을 갖고 있지는 않다는 것을 짚어 드립니다.

철수라는 학생이 있습니다. 이 친구는 유치원 때부터 별로 공부에 관심도 없고, 재능도 없어 보입니다. 철수의 어머니는 그저 철수가 건강하게 자라기를 바라며 '행여 다치지나 말거라~' 하고 키우십니다. 그러던 중 철수 어머니께서 철수가 그래도 학창시절에 최선의 노력을 해보는 경험을 시켜 주고 싶으셨던 겁니다. 그래서 철수한테 제안을 하죠.

"철수야, 네가 보통 시험 보면 평균 60점 정도 받잖니? 이번에 공부 한 번만 열심히 해보자. 열심히 해서 80점 받으면 엄마가 핸드폰 새로 사 줄게."

철수가 신이 나서 공부를 열심히 했답니다. 그리고 시험을 봤는데 글쎄, 90점이나 받은 겁니다. 그날은 핸드폰을 바꿔 주는 건 말할 것도 없고 철수네 가족이 한우 먹으러 가는 날입니다.

"엄마! 나 90점 받았어!"

"어머나! 엄마는 80점만 기대했는데 우리 철수가 90점이나 받아 왔다고? 엄마 눈물 나!"

이번에는 영희라는 학생이 있습니다. 이 친구는 대치동에 삽니다. 어머니가 아주 욕심이 많으시죠. 하교하는 즉시 밤 11시까지 학원 뺑뺑이를 돌릴 정도로 교육열이 대단하시고, 영희는 어머니의 기대에 부응이라도 하듯 이미 전교 1등입니다. 이번에는 영희 어머니가 영희에게 말씀하십니다.

"영희야, 저번에 95점 받았잖아. 우리 이번에 100점 받아 볼까? 100점 받으면 엄마가 영희 스마트폰 바꿔 줄게."

원래도 열심히 하던 영희는 더더욱 열심히 공부해서 시험을 봤는데 아이고, 97점이 나온 겁니다. 안타깝게 한 문제를 틀린 것이죠. 분명 영희의 시험점수가 오른 것은 사실입니다. 하지만 어머님의 표정이 어떨지 상상해 보세요. 미묘할 겁니다.

"엄마! 나 97점 받았어!"

"으응...! 잘했어 영희야~!"
(하지만 엄마 기대는 100점)

자, 철수와 영희 둘 중 누가 더 공부를 잘하죠? 네, 영희가 훨씬 잘합니다. 하지만 누구 어머님이 더 기쁠까요? 네, 철수 어머님이 훨씬 기쁘실 겁니다. 왜 그럴까요? 애초에 철수 어머님은 기대치가 낮습니다. 기대치가 낮은데 그를 훨씬 뛰어넘는 점수를 철수가 받아 버리니 행복하지 않을 수 없겠죠. 하지만 영희는 원래도 잘하는 친구인데 영희 어머님은 영희가 더 잘하길 바란 겁니다. 확률적으로 영희 어머님의 기대를 충족시키기는 쉽지 않았을 것이고, 이는 영희 어머님의 미묘한 표정으로 그대로 이어졌을 겁니다.

이것이 바로 잔여가치법이 기업의 가치를 바라보는 시선입니다. 앞선 예시에서 철수와 영희를 기업에 대응시키고, 철수와 영희 어머님을 기업의 주주에 대응시키시면 됩니다. 주주는 필연적으로 기업에 무언가 기대를 하게 됩니다. 하지만 기업이 실제 주주들의 기대에 부응할지는 알 수 없습니다. 만약 주주의 기대보다 기업이 더 많은 성과를 낸다면 주가는 상승할 것이고, 주주의 기대보다 기업의 성과가 낮다면 주가는 하락할 겁니다.

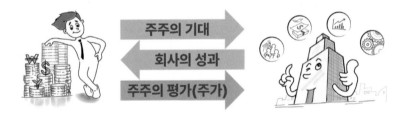

III. 시장을 이겨라

더 깊게 들어가 볼까요? 기업과 주주가 대화를 한다고 가정해 봅시다.

주주: 기업아, 내가 너한테 투자할게. 그런데 나는 네가 내 돈을 가지고 사업을 해서 1년에 최소 10% 정도는 벌어다 줬으면 좋겠어.

기업: 알았어! 내가 한번 열심히 해볼게!

(1년 뒤)

기업: 주주야! 대박 소식이야! 내가 네 돈 가지고 사업했는데 15%나 벌었다! 나 잘했지?

주주: 헐, 진짜? 너 진짜 대박이다, 너무 잘했어! 너무 대견하고 기뻐!

기업: 하하, 그럼 네가 판단하는 내 가치는 어느 정도 될 것 같아?

주주: 음……, 일단 내가 너한테 투자한 '원금'은 깔고 들어가야 하는 것 같고……. 그런데 네가 내 기대보다 5%p나 더 잘해 줬잖아. 그건 내가 뭔가 우쭈쭈~ 해줄 수 있을 것 같은데? 그럼 내가 평가하는 네 가치는 **'내가 초기에 투입한 원금 + 네가 내 기대 이상으로 달성해 준 부가가치'**로 계산해 볼 수 있을 것 같아!

잔여가치법에서는 주주가 기업에 투자한 원금(자본총계)을 그대로 가치로 인정하지 않습니다. 기업이 주주의 기대보다 더 잘하고 있다면 자본총계 이상의 가치를 인정받을 것이고, 기대에 부응하지 못한다면 자본총계를 그대로 가치평가해 주지 않겠죠. 여러분들께서는 앞으로 꼭 이 관점을 가지고 주식시장을 바라보시기 바랍니다.

할인율은 주주가 회사에 요구하는
최소한의 수익률이다

잔여가치법을 이해하기 위해 꼭 필요한 개념이 바로 "할인율"의 개념입니다.

사과가 하나에 1,000원입니다. 여러분의 수중에 10,000원이 있습니다. 사과를 몇 개 살 수 있죠? 네, 10개 살 수 있습니다. 1년이 지났습니다. 물가가 10%나 올라 (실제 글을 쓰는 지금 사과 가격이 너무 많이 올라 금사과라 불릴 정도입니다.) 사과 가격이 1,100원이 되었답니다. 하지만 여전히 여러분의 수중에는 돈이 10,000원이 있습니다. 사과를 몇 개 살 수 있을까요? 사과를 쪼개서 살 수는 없지만 수학적으로 약 9.1개 정도의 사과를 살 수 있습니다.

어떤가요? 여러분이 들고 있는 1만 원은 그대로 있습니다. 하지만 물가가 상승함에 따라 여러분이 1만 원을 가지고 실제로 살 수 있는 물건의 개수가 줄어들었습니다. 이를 **'화폐의 구매력이 하락**

했다'고 표현합니다. 오늘 내가 들고 있는 만 원의 가치와 내일 내가 들고 있을 만 원의 가치는 다른 것이죠. 물가가 꾸준히 상승하고 있기 때문에 당연히 오늘 내가 들고 있는 만 원의 가치가 미래 어느 때에 들고 있을 만 원의 가치보다 클 수밖에 없습니다.

그렇다면 1년 뒤에 내가 들고 있을 1만 원의 가치는 지금으로 치면 어느 정도일까요? 사과를 기준으로 생각해 볼까요? 1년 뒤 1만 원으로 우리는 사과 9.1개를 살 수 있습니다. 지금 사과 하나가 1,000원이니 1년 뒤 1만 원의 가치는 현재 가치로 9,100원 정도 할 겁니다. 수학으로 풀어 보면 '10,000 / (1 + 10%) = 9,100'이 될 겁니다. 같은 방식으로 2년 뒤에 내가 들고 있을 1만 원의 현재가치는 얼마가 될지 생각해 볼까요? 네, '10,000 / (1 + 10%)^2 = 8,264원'입니다. 2년 뒤에는 한 번 상승했던 물가가 또다시 상승할 예정이니 제곱으로 나눠 가지고 와야 하는 것이죠.

여러분이 항상 토로하시는, "모든 게 오르는데 내 월급만 그대로야"와 동일한 상황입니다. 따라서 금융시장에서는 '최소한의 수익률, 또는 최소한의 물가상승률을 넘어설 정도의 수익률을 달성할 수 있는가?'가 굉장히 중요한 질문이며, 우리는 이 최소한의 수익률 개념을 "할인율"이라고 표현합니다. **미래 어떤 특정 금액의 현재가치를 알고 싶으면 최소한의 수익률, 즉 할인율만큼 가치를 할인해 주어야** 맞다는 뜻입니다.

나(2024년 현재)

기업의 성장(25년, 26년, ...)

"나는 지금, 현재 이 기업의 가치를 알고 싶은데
기업은 앞으로, 미래에 성장할 거잖아?
그럼 기업의 미래 성장가치가
현재에는 얼마일지 계산하고 싶어!"

잔여가치법에서 기업의 가치를 평가할 때에도 마찬가지입니다. 우리는 지금 기업의 "미래" 실적을 기준으로 기업의 가치를 판단하고자 합니다. 앞의 예시에서 주주가 기대한 10%보다 기업이 5%p 더 벌어서 15%의 성장률을 달성하는 것도 지금 당장 15% 성장하는 것이 아니라 적어도 1년 뒤에 성장하겠다는 이야기입니다. 그럼 기업이 주주의 기대보다 더 잘한 5%p를 현재가치로 "할인"해 줘야 되겠네요? 1년 뒤 성장분은 한 번 할인해 줘야 하고, 2년 뒤 성장분은 두 번 할인해 줘야 하고, 3년 뒤 성장분은 세 번 할인해 줘야 합니다.

그럼 우리가 고민해야 할 것은 대체 어떤 수치를 "할인율"로 잡아야 하느냐는 겁니다. 앞에서 이야기한 물가상승률을 잡으면 안 되냐고요? 안타깝지만 앞에서 소개한 물가상승률은 금융시장에서 그리 자주 쓰이는 할인율은 아닙니다. 무수히 많은 개념의 할인율이 있고, 전문가라면 그때그때 적절한 할인율 개념을 가져다 쓸 수 있어야 합니다.

요구수익률 10%	2025(1년뒤)	2026(2년뒤)	2027(3년뒤)	...
순이익	1000억	1500억	2000억	...
현재가치	$\dfrac{1000억}{(1+10\%)}$ $= 909억$	$\dfrac{1500억}{(1+10\%)^2}$ $= 1239억$	$\dfrac{2000억}{(1+10\%)^3}$ $= 1502억$	...

왜 할인하냐고요?
주주는 회사가 매년 요구수익률만큼 성장한다고 "가정"하니까!

우리가 잔여가치법에서 활용할 할인율은 일반적인 물가상승률 (2~3%)보다는 꽤 높은 수치입니다. 바로 **"주주요구수익률"**입니다. 앞의 사례에서 주주가 회사에 돈을 맡기면서 1년에 최소 10% 정도는 성장해 주기를 "바란다"고 말씀드렸죠? 바로 그 수치를 할인율로 활용할 겁니다.

주주는 회사에 돈을 맡길 때 항상 "요구수익률"만큼은 매년 기업이 성장해 줄 것이라는 "전제"를 깔고 투자합니다. 기업이 1년 뒤에 달성할 초과수익의 현재가치는 1년 뒤 '초과수익 / (1 + 10%)'(주주 요구수익률이 10%라는 전제하에)일 것이고, 2년 뒤 초과수익의 현재가치는 '초과수익 / (1 + 10%)^2'입니다. 주주 입장에서 기업이 매년 요구수익률만큼 성장하는 것은 "당연한" 일이므로 그 성장분의 현재 가치는 요구수익률만큼 "할인"되는 것이죠.

이것만 외우자! 적정주가 구하기

강의하면서 이것저것 많이 외우라는 말씀을 최대한 아끼려고 합니다. 하지만 꼭 하나 외워 가야 할 게 있다면 바로 다음의 공식을 말씀드리고 싶습니다.

$$V = B + \frac{B \times (ROE - r)}{r}$$

B : 자기자본 (자본총계)
ROE: 자본수익률 = 당기순이익/자기자본
r: 요구수익률

적정시가총액 = 자본총계 + 자본총계 × (미래ROE − 요구수익률) / 요구수익률

적정주가 = 적정가치 / 발행주식총수

여러분이 그토록 궁금해하시던 기업의 적정주가는 이렇게 구합니다. 수많은 가치투자자들, 그리고 제가 시장의 일시적인 움직임, 다른 투자자들의 패닉, 예측 불가능한 경기 속에서 뚝심을 갖고, 기업을 믿고 투자할 수 있었던 비밀이 바로 여기에 있습니다. 절대적

인 관점에서 기업의 적정주가를 계산할 수 있기 때문입니다.

우리가 계산한 적정주가가 정말 "정답이냐"는 중요하지 않습니다. 아무리 꼼꼼하게 분석해도 사람에 따라 기업의 적정주가는 다르게 계산됩니다. 어쩌면 "정답"은 없는지도 모르겠습니다. 하지만 장기적으로 성공적인 투자자를 다른 투자자들과 구분해 줬던 것은 **그들이 이렇게 절대적으로 기업의 가치를 평가할 수 있는 툴을 가지고 있었다는 사실**입니다. 기업의 펀더멘탈과 상관없이 시장이 흔들리고 주가가 하락할 때, 또는 주가가 너무 고평가될 때 가치투자자는 명확한 기준을 가지고 움직일 수 있었던 것이죠.

RI가 앞에서 소개한 PER이나 PEG에 비해 가지는 큰 장점은 **시장과 상관없이 기업을 독자적으로 판단할 수 있다**는 것입니다. 앞에서 PER은 동종업계를 어떻게 선택하느냐에 따라 달라지고, 또 선택했다고 하더라도 시장 분위기에 따라 업종 전체가 고평가되거나 저평가될 수 있음을 언급한 바 있습니다. 그 단점을 PEG를 통해 보완한다고 하더라도 결국 기업의 가치를 상대적으로 판단하는 데에서 발생하는 문제점을 지울 수는 없었습니다. 하지만 잔여가치법은 동일 업종이 한쪽으로 쏠리는 상황에서도 특정 기업을 독립적으로 판단합니다. 기업의 가치를 절대적으로 '얼마야!'라고 결론을 내기 때문에 우리는 잔여가치법을 절대가치평가법의 한 갈래로 분류합니다.

물론 잔여가치법이 절대가치법의 유일한 모델은 아닙니다만, 주린이 여러분들께서 가장 쉽게 적용할 수 있는 모델이기 때문에 소개해 드렸고, 저 스스로도 아주 심화된 버전의 RI를 활용합니다. 절대가치법의 다른 모델을 소개하지 않는 이유가 궁금하다면 '욕심내기' 코너를 살펴보시기 바랍니다.

ROE와 요구수익률, 어떻게 알 수 있어요?

RI로 기업의 적정주가를 구하기 위해 우리에게 필요한 숫자는 세 가지입니다. 자본총계, 미래 ROE, 그리고 요구수익률입니다. 자본총계는 이미 가장 최근에 공시된 재무제표에 나와 있으므로 찾는 데에 그리 오랜 시간이 걸리지 않습니다. **문제는 기업의 ROE와 요구수익률**입니다.

기업의 ROE를 과거 수치를 넣어도 된다면 네이버증권이나 에프앤가이드에서 제공하는 수치를 대입하면 될 겁니다. 너무 쉽겠죠. 하지만 저희에게 중요한 것은 **기업이 미래에 달성할 ROE**입니다. 미래 ROE를 어떻게 정확하게 추정할 수 있을까요?

이 과정은 지금 가치평가를 처음 배우는 여러분들께 당장 권할 만한 작업은 아닙니다. 기업의 미래 ROE를 정확하게 추정하기 위해서는 기업의 미래 손익계산서를 직접 그릴 수 있어야 합니다. 산업분석과 함께 기업의 시장점유율이나 각 제품군의 평균 판매단가 및 평균 판매량을 일일이 추정하여 매출을 연도별로 추정하고, 앞에서 배운 고정비와 변동비 분석을 통해서 영업이익을 구하고, 기업의 재무구조 및 차입부담을 고려하여 이자비용을 일일이 계산해 준 다음, 과세표준에 맞게 법인세비용도 차감해 주면 당기순이익이 남고, 거기서 배당이나 자사주매입 등 주주환원까지 고려하여 매 연도의 ROE를 구할 수 있긴 합니다. 생각만 해도 울렁거립니다. 케빈베스트먼트와 오래 공부한 고객분들은 이 정도까지 공부하시지만, 주린이 여러분들께서는 당장 이렇게까지 하실 필요가 없습니다.

지금부터 기업의 미래 ROE를 약식으로, 그러나 꽤 논리적으로 추정할 수 있는 방법을 소개하겠습니다.

– ROE 추정 첫 번째: 과거 ROE 평균

모든 산업은 호황과 불황의 사이클을 가지고 있습니다. 반도체는 약 3년 반~4년간 호황과 불황을 한 번씩 경험하는 사이클을 갖습니다. 조선업은 단기적으로는 3년, 중기 10년, 장기 30년의 사이클을 갖습니다. 화학 업종은 5~6년 정도에 한 번씩 사이클이 돌아옵니다.

여러분이 분석하시는 기업이 속한 업종의 사이클을 알고 있다면, 예를 들어 그 기간이 4년이라면, 대략 기업의 최근 4년간의

ROE를 단순 평균을 내서 공식에 적용하시는 것도 방법입니다. 업황이 좋을 때에는 높은 ROE를 유지할 것이고, 불황에는 낮은 ROE를 보이겠지만, 업종 사이클에 따라 그 평균적인 ROE는 대체적으로 유지될 확률이 높습니다.

물론 불황 속에서도 기업이 남다른 경쟁력을 확보하는 경우 달성하게 되는 높은 ROE를 이 방법으로는 설명할 수 없지만, 기업에 대해 가볍게 감을 잡고자 하신다면 꽤 괜찮은 방법입니다.

IFRS(연결)	Annual				
	2019/12	2020/12	2021/12	2022/12	2023/12
ROE ❓	10.18	10.92	14.29	13.75	5.50 [49]

삼성전기의 연도별 ROE 현황입니다. 2019~2020년에는 그저 그런 성장세를 보이다가 2021~2022년에 피크를 찍고 2023년도에 불황으로 ROE가 한 자릿수대로 꺾인 모습입니다. 5년간 평균 ROE를 구해 보면 약 11%의 ROE입니다. 삼성전기의 향후 ROE는 매년 다르겠지만, 단순하게는 약 11%대의 ROE를 유지할 수 있는 기업이라고 해석할 수 있습니다.

....

[49] 삼성전기 연도별 ROE (출처: comp.fnguide.com)

– ROE 추정 두 번째: 애널리스트 컨센서스

에프앤가이드 기업분석 사이트(comp.fnguide.com)에 들어가 보세요. Snapshot 페이지 맨 밑에 내려가시면 다음의 표가 나옵니다. 2023년도까지 수치는 하얀색으로 표시되어 있는데 2024년부터는 옆에 (E)라고 되어 있으면서 배경이 파란색인 것이 보이시나요? 책을 쓰는 지금은 2024년입니다. 아직 '24년도 연말 실적이 나오지 않은 상태이죠. 그런데 어떻게 에프앤가이드는 '24, '25, '26년도 수치를 당당하게 표시할 수 있었을까요? 파란색 영역의 모든 숫자는 해당 기업을 커버하는 증권가 애널리스트들의 예측 평균치입니다.

IFRS(연결)	Annual							
	2019/12	2020/12	2021/12	2022/12	2023/12	2024/12(E)	2025/12(E)	2026/12(E)
매출액	2,304,009	2,368,070	2,796,048	3,022,314	2,589,355	3,100,718	3,448,654	3,606,307
영업이익	277,685	359,939	516,339	433,766	65,670	416,808	581,217	600,268
영업이익(발표기준)	277,685	359,939	516,339	433,766	65,670			
당기순이익	217,389	264,078	399,075	556,541	154,871	378,811	492,358	518,698
지배주주순이익	215,051	260,908	392,438	547,300	144,734	366,763	479,361	501,169
비지배주주순이익	2,338	3,170	6,637	9,241	10,137			
자산총계	3,525,645	3,782,357	4,266,212	4,484,245	4,559,060	4,994,326	5,434,033	5,880,985
부채총계	896,841	1,022,877	1,217,212	936,749	922,281	1,028,122	1,067,804	1,095,573
자본총계	2,628,804	2,759,480	3,048,999	3,547,496	3,636,779	3,966,204	4,366,228	4,785,411
ROE	8.69	9.99	13.92	17.07	4.14	9.93	11.84	11.28 [50]

여러분께서 기업에 대한 이해가 아직 선행되지 않을 때, 그런데 기업의 적정주가에 대해 아주 빠르게 감을 잡고 싶을 때 활용하시

....

50 FnGuide Snapshot 삼성전자(단위: 억 원) (출처: comp.fnguide.com)

면 좋은 것이 바로 애널리스트들의 예측 평균치입니다. 물론 애널리스트도 기업의 미래 실적을 정확하게 알 수는 없습니다. 그건 신만이 아십니다. 하지만 적어도 기업을 처음 분석하는 주린이보다는 나름 합리적인 분석을 바탕으로 추정을 하지 않았을까요? 앞에서 이야기했던 기업의 경쟁력이 갑자기 향상되는 경우도 꽤 많은 애널리스트들이 그 가능성을 선제시하는 경우가 종종 있습니다.

삼성전자는 2023년의 불황을 딛고 2024년 예상되는 ROE가 9.93%, 2025년 11.84%, 2026년 11.28%입니다. 당장 삼성전자의 미래 ROE에 대해 빠르게 감을 잡고 싶다면 애널리스트 추정치를 바탕으로 '대략 11% 정도는 유지할 수 있겠구나~' 예상하실 수 있겠습니다.

– ROE 추정 세 번째: 최근값

1, 2, 3, 4. 이다음에 어떤 숫자가 떠오르시나요? 10, 9, 8, 7. 이다음에는요? 아마 대부분이 1, 2, 3, 4 다음에는 5를, 10, 9, 8, 7 다음에는 6을 떠올리실 겁니다. 우리의 머릿속에 잠재하고 있는 관성의 법칙이 작동한 겁니다. 계속 1씩 증가했으니 이다음 숫자도 1 증가한 수치일 것이라는 추정, 계속 1씩 감소했으니 이다음 숫자도 1 감소한 수치일 것이라는 추정은 지금까지 인간을 생존하게 해준 나름 유용한 로직입니다.

기업도 마찬가지입니다. 저는 기업의 ROE가 최근 수년간 꾸준히 상승하거나 꾸준히 하락하는 경우에는 업황과 상관없이 그 기업의 경쟁력에 뭔가 변화가 생겼다고 추측합니다. 그래서 당분간은 꽤 높은 확률로 그간의 상승/하락 추세가 지속될 것이라고 추정하죠. 기업의 ROE가 최근 4년간 8, 9, 12, 14% 이렇게 올라 왔다면 큰 변화가 없는 한 앞으로도 기업은 14% 이상의 높은 ROE를 기록하리라고 예상해 볼 수 있습니다. 그럼 RI 모델에 가장 최근값인 14% 정도를 적용해 보는 것이죠.

반대로 기업이 과거 ROE가 높았다고 하더라도 18, 15, 11, 9% 이렇게 떨어지고 있다면 더 이상 높은 ROE를 기대하기 힘들 겁니다. 역시 보수적으로 최근값인 9%로 ROE를 추정해 보곤 합니다.

IFRS(연결)	2019/12	2020/12	2021/12	Annual 2022/12	2023/12
ROE	14.66	15.00	13.32	12.59	10.68 [51]

와이엔텍의 연도별 ROE입니다. 2020년까지만 해도 15%씩 성장할 정도로 높은 성장세를 유지하던 기업이 ROE가 점점 떨어지더니 '23년에는 10.7%까지 떨어집니다. 이 기업의 최근 5년 평균 ROE를 구하면 13.25%이지만, 4년간 ROE가 계속 떨어졌다는 것을 감안하면 13%대의 ROE를 추정하기는 너무 무리이지 않을까

....

51 와이엔텍 연도별 ROE (출처: comp.fnguide.com)

합니다. 보수적으로 10.7% 정도, 혹은 욕심난다면 약 11% 정도의 ROE를 추정하는 것이 바람직해 보입니다.

– ROE 추정 네 번째: 가중평균

이 모든 변수와 시나리오를 일일이 고민하는 것까지도 부담되고 귀찮은 분들을 위한 마지막 방법입니다. 기업의 ROE는 업종 사이클의 영향도 받을 것이고, 기업의 독립적인 경쟁력 변화, 성장 추세 등 많은 변수로부터 종합적인 영향을 받을 겁니다. 이 모든 요인을 적절하게 반영하고 싶다면 이렇게 해보세요.

2020년 ROE 8%, '21년 ROE 15%, '22년 ROE 13%, '23년 ROE 10%라고 가정할 때, 각 연도의 ROE를 반영하긴 하지만 최근 수치로 올수록 그 비중을 높게 반영하는 방법이 있습니다.

'23년 ROE 10%에는 4를 곱합니다. '22년 ROE 13%에는 3을 곱해 볼까요? '21년 ROE 15%에는 2를 곱하고, '20년 ROE 8%에는 딱 1만 곱합니다. 그리고 다 더해 보면 총 117%입니다. 117%를 '(4+3+2+1) = 10'으로 나눠 주면 가중평균 ROE가 11.7%라고 이야기합니다. **평균은 평균인데 최근 수치일수록 더 많이 반영되도록 "가중"하여 평균을 냈다**는 의미입니다.

산업의 사이클이 4년이라면 4년 치의 ROE를 4, 3, 2, 1 곱해서 10으로 나눠 주면 될 것이고, 5년이라면 5, 4, 3, 2, 1을 곱해서 15로 나눠 주면 됩니다. 이렇게 가중평균하여 ROE를 추정하게 되면 산업마다 다른 사이클을 반영해 주는 동시에, 기업의 전반적인 경쟁력 트렌드를 고려하면서도 기업의 최근 변화를 감안할 수 있게 됩니다.

IFRS(연결)				Annual	
	2019/12	2020/12	2021/12	2022/12	2023/12
ROE	3.17	5.38	16.29	15.14	6.73 [52]

반도체 소부장 업체 이오테크닉스의 연도별 ROE입니다. ROE가 '20년까지는 상당히 낮았다가 '21년, '22년 높았고, '23년 다시 떨어졌습니다. 그냥 평균을 내자니 낮은 ROE가 3년짜리나 반영되어 별로인 것 같고, 최근값 6.73%를 넣자니 '23년도는 너무나도 명확한 반도체 불황이었습니다. 이럴 때 적당히 5년 치 ROE를 가중평균 내보는 겁니다. 최근 ROE부터 5, 4, 3, 2, 1을 곱해서 더한 후 15로 나누면 약 10.5%입니다. 단순 평균치보다는 반도체 호황기에서의 높은 ROE를 보다 잘 반영해 줄 수 있는 장점이 있는 것이 바로 가중평균법입니다.

....

[52] 이오테크닉스 연도별 ROE (출처: comp.fnguide.com)

– 요구수익률 추정 첫 번째: 회사채 수익률 + 주식 프리미엄

기업의 미래 ROE를 적당히 추정하였으니 이제 주주의 요구수익률을 결정해야 합니다. 주주요구수익률은 주주가 기업에 돈을 맡기기 위해서 "최소한으로" 요구하는 수익률 허들 개념이라고 말씀드렸습니다. 가장 정확하게는 기업마다 주주의 요구수익률이 조금씩 다르겠죠. 여러분이 삼성전자처럼 안정적이고 꾸준한 기업에 돈을 맡길 때 요구하는 수익률 허들과 바이오 벤처 기업처럼 꽤 위험한 기업에 돈을 맡길 때 요구하는 수익률 허들은 분명히 다를 겁니다. 교과서에는 CAPM, 채권자금리가산이론, 3요인 모형 등 다양하고 복잡한 이론들이 각 개별 기업에 대해 일일이 주주요구수익률을 계산할 수 있도록 가이드하고 있습니다만, 이 역시 주린이 여러분들의 건강한 투자 생활을 위해 보다 간단한 로직을 소개하도록 하겠습니다.

현실적으로 가장 직관적으로 받아들이실 수 있는 방법은 **기업의 회사채 수익률에 주식 프리미엄을 더하는 것**입니다. 갑자기 너무 훅 들어왔죠? 예를 들어 보겠습니다.

여러분들께서 두 가지 투자 옵션 중에서 고민하는 상황이라고 해보죠. 하나는 그냥 삼성전자 주식에 투자하는 것이고, 다른 하나는 삼성전자가 발행한 채권(회사채)에 투자하는 것입니다. (물론 삼성전자는 회사채를 발행하지 않습니다.) 삼성전자 주식에 투자했을 때 예상되는 주식의 상승률이 7% 정도 된답니다. 삼성전자 회사채에 투자하여 받을 수 있는 이자율도 7% 정도 된다고 해보죠. 어느 전략을 택하시겠습니까?

"당연히 주식이 채권보다 수익률이 높아야지! 주식이 채권보다 덜 주면 절대 투자 안 하지~"

합리적인 투자자라면 당연히 회사채를 선택해야 합니다. 주식은 필연적으로 채권에 비해 많은 위험을 수반합니다. 채권은 적어도 법적으로 원금과 이자가 보장되지만, 주식은 그 어떤 것도 보장되지 않기 때문입니다. 투자자로서 우리는 더 많은 위험을 감당할수록 더 많은 수익을 요구합니다. 여러분의 신용도가 낮을수록 대출금리가 올라가는 것과 동일한 원리입니다. 회사채에 비해서 주식이 상당히 많이 위험하기 때문에 여러분이 주식에 투자했을 때 요구하는 수익률은 회사채 수익률인 7%보다는 꽤 높을 겁니다. 하지만 방금 시나리오에서 삼성전자의 예상되는 상승률이 7% 정도에 그친다고 하였으니 굳이 주식에 투자할 이유가 없는 것이죠.

주식투자자가 기업에 요구하는 수익률은 그 회사의 회사채가 주는 이자율에 주식이 회사채에 비해 갖고 있는 위험을 상쇄해 줄 수 있는 정도의 프리미엄을 더하여 계산할 수 있습니다.

주주요구수익률 = 회사채 수익률 + 주식의 위험 프리미엄

우리에게 필요한 건 회사채 수익률이 대략 어떻게 되며, 그에 비해 주식에 대해 요구하는 프리미엄은 어느 정도로 책정되어야 하는지 고민하는 것입니다.

회사마다 발행하는 채권의 신용등급이 다르고, 그 신용등급에 따라, 그리고 거시경제 환경에 따라 회사채 수익률이 달라질 것이기 때문에 가장 정확하게는 내가 분석하는 회사가 직접 발행한 회사채의 수익률을 찾아야 합니다. 하지만 사채를 발행한 적이 없는 회사일 수도 있고, 일일이 찾기 힘드실 분들을 위해서 대부분의 기업에 공통적으로 적용 가능한 요구수익률을 하나 제시해 보겠습니다.

다음은 2024년 5월 27일 기준으로 한국신용평가에 나온 회사채 신용등급 분포입니다. 여기서 꾸준하게 높은 비중을 차지하는 4개 등급을 골라 보면 AA~A 정도일 듯합니다. 그럼 이들 등급대의 채권수익률이 어느 정도일지 찾아봐야겠죠?

구분	2022.01.01	2023.01.01	2024.01.01	2024.05.27
AAA	74 (14.8%)	71 (14.5%)	75 (16.4%)	75 (16.2%)
AA+	44 (8.8%)	47 (9.6%)	44 (9.6%)	44 (9.5%)
AA	61 (12.2%)	59 (12.1%)	57 (12.4%)	56 (12.1%)
AA-	75 (15.0%)	79 (16.2%)	75 (16.4%)	76 (16.4%)
A+	63 (12.6%)	55 (11.3%)	52 (11.4%)	56 (12.1%)
A	50 (10.0%)	57 (11.7%)	58 (12.7%)	56 (12.1%)
A-	34 (6.8%)	37 (7.6%)	36 (7.9%)	37 (8.0%)
BBB+	15 (3.0%)	17 (3.5%)	14 (3.1%)	19 (4.1%)
BBB	26 (5.2%)	20 (4.1%)	14 (3.1%)	16 (3.4%)
BBB-	7 (1.4%)	3 (0.6%)	4 (0.9%)	2 (0.4%)
BB+	7 (1.4%)	5 (1.0%)	2 (0.4%)	2 (0.4%)
BB	12 (2.4%)	12 (2.5%)	7 (1.5%)	6 (1.3%)
BB-	10 (2.0%)	10 (2.0%)	6 (1.3%)	5 (1.1%)
B+	8 (1.6%)	3 (0.6%)	2 (0.4%)	3 (0.6%)
B	7 (1.4%)	5 (1.0%)	4 (0.9%)	3 (0.6%)
B-	3 (0.6%)	4 (0.8%)	5 (1.1%)	5 (1.1%)
CCC	3 (0.6%)	2 (0.4%)	2 (0.4%)	2 (0.4%)
CC	1 (0.2%)	1 (0.2%)	0	0
C	0	1 (0.2%)	1 (0.2%)	1 (0.2%)

53 한국신용평가 신용등급 분포

구분	3월	6월	9월	1년	1년6월	2년	3년	5년
국고채	3.42	3.45	3.38	3.42	3.43	3.45	3.42	3.44
AAA	3.59	3.62	3.65	3.66	3.68	3.70	3.74	3.79
AA+	3.61	3.64	3.67	3.68	3.70	3.72	3.77	3.90
AA	3.62	3.67	3.71	3.72	3.74	3.77	3.82	3.97
AA-	3.65	3.70	3.75	3.76	3.78	3.81	3.87	4.08
A+	3.76	3.92	3.99	4.02	4.10	4.14	4.36	4.86
A	3.90	4.08	4.16	4.19	4.26	4.31	4.63	5.31

[54]

만기별, 등급별 채권수익률입니다. 여기서 AA~A 정도의 신용
등급을 고른 건 알겠는데, 대체 어느 만기대의 수익률을 참고해야
하는지가 헷갈립니다. 주식시장은 아무리 짧아도 1년 정도의 미래
를 반영합니다. 그리고 저는 고객분들께 기업을 분석하고 고르실
때 최소 3년 정도는 "보유하고 싶은" 기업을 고르라고 말씀드립니
다. 그럼 못 해도 3.72%(AA 1년물) ~ 4.63%(A 3년물) 정도로 평균
채권수익률을 좁혀 볼 수 있고, 한 번 더 좁히면 3.78%(AA- 1.5년
물) ~ 4.14%(A+ 2년물) 정도가 만만하게 찾을 수 있는 회사채 평균
수익률이라는 것을 알 수 있습니다.

회사채 수익률을 구했으니, 이제 주식의 위험 프리미엄을 더해
야겠죠? 여기서는 미국 시장의 평균 수치를 가져올까 합니다. 미국

....

[54] 한국신용평가 회사채 등급별 & 만기별 채권수익률

의 신용평가사 S&P는 해마다 월스트리트의 펀드매니저나 애널리스트들을 대상으로 설문조사를 합니다. 주식에 대해 채권보다 어느 정도 프리미엄을 반영하여 자산을 운용하거나 기업을 분석하는지 물어보는 것이죠. 경기에 따라 다릅니다만, 보통 5~8% 정도의 위험 프리미엄이 반영된다고 합니다.

그렇다면 앞에서 구한 회사채 수익률 범위(3.78~4.14%)에 주식 위험 프리미엄(5~8%)을 더해 볼까요? 대략 8.8~12.1% 정도가 나옵니다. 이 정도가 주식시장에서 투자자들이 투자의사결정을 할 때 평균적으로 기업에 요구하는 "최소한"의 수익률인 셈입니다. 요즘 같은 경우 고금리 환경이 조성되어 있기 때문에 국채나 적금 등 충분히 안전한 자산들을 통해서도 꽤 높은 수익을 거둘 수 있다는 것을 감안하면 그만큼 주식의 매력도는 떨어질 것이고, 투자자들이 기업에 요구하는 수익률은 높아질 겁니다. 그럼 아무래도 10% 이상의 요구수익률을 가정하고 잔여가치법을 활용하시는 것이 합리적이지 않을까요?

– 요구수익률 추정 두 번째: 10%, 12%, 15%

이 모든, 철저히 금융 중심적인 생각과 과정이 부담스러우신 분들께는 제가 그냥 요구수익률을 정해 드리겠습니다. 별문제가 없다면 10%, 뭔가 께름칙하다면 12%, 심각한 문제가 있다면 15% 정도를 넣으십시오. 왜 딱 10, 12, 15%여야 하는지에 대해서는 이론적인 근거를 대기가 참 난감합니다만, 9년간의 경험을 통해 쌓인, 나름의 "짬에서 나오는 바이브"라고 생각해 주서도 되겠습니다.

웬만한 기업들에 대해서는 10%가 딱 적당합니다. 위에서 말씀 드린 것처럼 회사채에 비해서 적당히 주식이 갖고 있는 위험 프리미엄을 더하면 경기에 상관없이 주주들은 최소 10% 정도는 회사에 요구합니다. 반대로 말하면 **10%의 수익률도 돌려주지 않는 기업은 주식투자자들한테 정말 매력이 없다**는 뜻이기도 합니다.

하지만 뭔가 께름칙할 수 있습니다. 저는 다음의 세 가지 경우를 께름칙하다고 표현합니다. 첫째, 차입금 부담이 과도하게 높을 때, 둘째, 기업의 실적이 너무 변동성이 커서 추정이 어려울 때, 셋째, 내가 이 기업을 이해하기 어려울 때. 이 세 가지 중 하나에 해당하면 12%를 적용합니다.

차입금 부담이 크다면 지금 당장은 괜찮을지 몰라도 언젠가 경기 불황이 닥쳤을 때 과도한 이자부담으로 기업이 효율적이지 못한 결정을 해야 하는 상황에 직면합니다. 그럴 때를 대비하는 차원에서라도 다른 기업들에 비해서는 다소 보수적으로 바라봐야 하지 않나 생각합니다.

유달리 실적의 변동성이 큰 기업들이 있습니다. 영업이익이 작더라도 예측 가능하고 꾸준하게 성장하는 것이 아니라 언제는 100억이 났다가도 다음 해에는 400억으로 튀었다가 갑자기 50억으로 떨어지는 등, 업황의 특성이든 비용구조의 특성이든 모종의 이유로 실적을 안정적으로 추정하기가 어려운 기업이 있다면 역시 보수적으로 바라봐야 합니다.

사람마다 친숙하고 편한 산업이 다릅니다. 어떤 사업은 참 이해하기 편한데, 어떤 사업은 그 본질이 무엇인지 이해하기 난감합니다. 제게는 엔터산업이 그렇습니다. 엔터사의 경쟁력은 도무지 재무제표에서 찾을 수가 없습니다. 오히려 프로듀서가 얼마나 창의적인 동시에 대중의 입맛을 정확히 타깃하는지, 특정 아티스트에 대한 팬덤이 어떻게 형성되어 있는지가 주가를 결정하죠. 개인적으로는 이런 문화를 마음으로 받아들이는 것이 참 어렵습니다. 다른 말로 표현하면, 대중이 왜 저 아티스트를 좋아하는지 제가 이해가 안 되는 겁니다. 그래서 저는 엔터기업을 분석할 때에는 요구수익률을 다소 높여서 적정주가를 판단하고, 실제로 딱 한 번 JYP ent.에 투자한 경험을 제외하면 엔터사에 투자한 적이 없기도 합니다.

기업에 심각한 문제나 이슈가 있다고 판단되면 15%를 적용하세요. 가장 최근에 발생한 사건 중 기억에 남는 것이 GS건설의 건물붕괴 사건입니다. '순살자이'라는 별명이 붙을 정도로 국민들의 많은 관심을 받았고, '자이'라는 브랜드에 대한 사람들의 신뢰가 확 떨어진 사건이었습니다. 국토부에서 GS건설에 부과한 영업정지 처분을 감안하면, 비록 국내 5위 안에 드는 대형 건설사임에도 불구하고, 요구수익률을 최대한 높여 15%를 넣는 것이 어떨까 판단했습니다.

실제 GS건설에 대한 RI 결과를 공유드리겠습니다.

ROE	7.0%	별도추정
요구수익률	10%	
발행주식수	85,581,490	

RIM Valuation			
Current Price	17,300	적정가 대비	현재기준 PER
Target(지속)	36,659	▼ 53%	5.81
Target(10년감소)	45,300	▼ 62%	7.18
Target(5년감소)	48,180	▼ 64%	7.64

55

GS건설에 대해 RI 밸류에이션을 수행한 결과입니다. 혹시나 읽으시는 분들의 오해를 방지하기 위해 ROE는 임의로 7%를 추정하였음을 알려 드립니다. 요구수익률을 10%로 잡았을 때에는 Target(지속) 기준 적정주가가 36,600원 수준이었습니다.

....

55 Kevinvestment RI 자동화 엑셀

ROE	7.0%	별도추정
요구수익률	12%	
발행주식수	85,581,490	

RIM Valuation			
Current Price	17,300	적정가 대비	현재기준 PER
Target(지속)	30,746	▼ 44%	4.88
Target(10년감소)	41,926	▼ 59%	6.65
Target(5년감소)	46,119	▼ 62%	7.31

요구수익률을 12%로 올리니 적정주가는 30,700원으로 떨어지는군요.

ROE	7.0%	별도추정
요구수익률	15%	
발행주식수	85,581,490	

RIM Valuation			
Current Price	17,300	적정가 대비	현재기준 PER
Target(지속)	24,829	▼ 30%	3.94
Target(10년감소)	37,882	▼ 54%	6.01
Target(5년감소)	43,477	▼ 60%	6.90

'순살자이' 사태 이후 요구수익률을 15%로 올리니 ROE가 7%로 동일함에도 불구하고 적정주가가 24,800원까지 떨어집니다. 이렇듯 요구수익률을 높이는 것은 적정주가를 낮게 계산하여 투자자로 하여금 보다 보수적으로 기업을 분석할 수 있도록 도와줍니다.

....

56   Kevinvestment RI 자동화 엑셀
57   Kevinvestment RI 자동화 엑셀

정리하겠습니다. 잔여가치법은 주주가 회사에 요구하는 최소한의 수익률보다 더 높은 수익률을 달성했을 때 그 초과분(잔여가치)을 현재가치로 반영하여 기업의 적정주가를 계산하는 모델입니다. 우리는 RI를 풀어내기 위해 1)자본총계, 2)기업의 미래 ROE, 3)요구수익률, 이렇게 세 가지 변수가 필요합니다.

자본총계는 재무제표에서 찾으면 되니 문제가 없었지만, 2)미래 ROE와 3)요구수익률은 여러분이 예측하고 판단해 주셔야 하는 영역이었습니다. 본 장에서는 주린이분들을 위해 ROE와 요구수익률을 가볍게 판단해 볼 수 있는 나름 논리적인 방법까지 소개했습니다. 실제 분석 사례가 궁금한 분들을 위해 부록을 통해 이 책에서 다루는 모든 분석의 처음부터 끝까지 실제 기업을 다루어 두었으니 확인해 보시면 되겠습니다.

밸류에이션 에서 욕심내기

(1) PBR이 1보다 낮다고 저평가?

한국 시장은 만성적으로 저평가되어 있는 것으로 유명합니다. 전반적으로 저평가되어 있기 때문에 그 속에서 숨은 진주를 발견했을 때 그만큼 주가상승도 폭발적으로 올라오곤 합니다. 하지만 오로지 '한국 시장이 저평가되어 있기 때문에 한국 시장에 투자한다'는 논리로 투자를 접근하시면 크게 다치실 수 있습니다. 저평가될 만한 이유가 있어서 저평가되어 있을지도 모른다는 생각, 안 해보셨을지요?

한국 시장이 저평가된 것은 사실입니다. 하지만 여러분께 투자수익을 가져다주는 지점은 "딱히 이유 없이 저평가되어 있을 때"이지, **타당한 이유가 있어서 저평가된 것은 진정한 의미의 저평가라고 보기 어렵습니다.**

아주 단순하게 한국 시장의 저평가를 주장하시는 분들은 한국 시장의 평균 PBR을 근거로 들기도 합니다. 코스피를 기준으로 상장된 기업들의 평균 PBR은 대체로 0.9~0.95 정도에서 움직이는 것으로 알려져 있습니다. "코스피 전체 시가총액 / 코스피 기업들의 자본총계 합"

으로 계산하면 약 1.05 수준에서 변동하긴 하지만, 삼성전자나 SK하이닉스 등 시총 상위주들의 PBR이 꽤 높은 것을 감안하면 개별 기업들의 평균 PBR은 더 낮을 겁니다.

PBR이 1보다 낮다는 것은 시가총액이 자본총계보다 작다는 것입니다. 자본총계는 장부상 주주의 가치이고, 시가총액은 시장에서 평가하는 주주의 가치죠. 그럼 시장이 장부상 기록된 주주가치만큼도 기업을 평가하지 않는다는 의미이니, 기업이 적어도 현재 장부가치를 기준으로 미래에 성장할 수 있다는 가능성을 감안하면 주가는 상당히 저평가되어 있다고 주장할 수도 있겠습니다. 그리고 이것이 바로 PBR을 근거로 한국 시장의 저평가를 주장하시는 분들의 논리입니다.

하지만 앞에서 배운 잔여가치법(RI)을 활용하여 이 논리를 타파해봅시다.

$$Value = B + \frac{B \times (ROE-r)}{r}$$

ROE < r 이라면?

$$Value = B - \#\#$$

잔여가치법으로 기업의 적정가치를 구하는 공식은 "B(자본총계) + B × (ROE − r) / r"이라고 말씀드렸습니다. 일반적으로 요구수익률(r)은 10% 정도로 맞춘다고도 말씀드렸죠. 그럼 만약 기업의 미래 ROE가 10%, 즉 r보다 낮다면 어떨까요? 공식의 오른쪽 항(B × (ROE − r)

/ r) 부분이 (−) 수치가 될 겁니다. 그럼 기업의 적정주가(V)는 "B(자본총계) − ##" 정도로 계산될 겁니다. ##은 그때그때 다르겠지만요. 그럼 **기업의 적정주가가 B보다 작은 것이 "당연하다"**는 결론을 내릴 수 있습니다.

실제로 한국 기업들의 평균 ROE는 약 7~8% 수준에서 움직이는 것으로 알려져 있습니다. 하지만 앞에서 말씀드렸다시피 한국 시장에서 주주들이 기업에 요구하는 수익률은 아무리 낮아도 10% 정도는 잡아야 한다고 말씀드렸죠. 그럼 **평균적으로 기업들이 성장하는 속도가 주주요구수익률에 미치지 못한다**는 분석을 할 수 있습니다. 이를 잔여가치법(RI)에 반영해 보면 한국 기업들의 평균 PBR이 1보다 낮은 것은, 이유 없이 저평가되어서가 아니라, 그럴 만하니까 그 정도 PBR인 것입니다.

주주는 항상 기업이 10% 이상의 성장을 하기를 요구하고 있는데, 기업들은 계속 7~8% 정도밖에 성장하지 못합니다. 그럼 현재 자본총계가 B만큼 있다고 하더라도 주주들은 그 B의 가치를 있는 그대로 인정해 줄 수 없겠죠. 내 기대만큼도 성장하지 못하는 회사의 자본가치를 누가 인정하겠습니까?

따라서 PBR이 1보다 낮다는 이유로 기업이 저평가라고 착각하시는 일이 없도록 주의하시기 바랍니다. 열에 아홉은 저평가될 만한 타당한 이유가 있어서 저평가일 것이고, 여러분이 찾아야 하는 것은 나머지 열에 하나에 해당하는 숨은 진주입니다.

(2) 잔여가치법 공식을 도출하고 싶어요!

RI에 기반한 적정가치 산식은 "B + B × (ROE − r) / r"로 정리드렸습니다. 궁금하실 분들을 위해 왜 식이 저렇게 도출되는지 풀어 보겠습니다.

일단 올해 기업의 자본총계는 B_0입니다. B_0는 현재까지 주주가치로 쌓인 수치로, 이를 온전히 인정한 상태에서 기업이 앞으로 성장할 가치를 현재가치로 반영하겠습니다.

기업이 올해 말 주주의 기대 이상으로 달성할 잔여가치는 다음과 같습니다. 연말 기업의 ROE를 ROE_1, 요구수익률을 r이라 하겠습니다. 그럼 잔여가치는 'B_0 × $(ROE_1 − r)$'로 계산됩니다. 이를 현재가치로 환산하면 'B_0 × $(ROE_1 − r)$ / $(1 + r)$'입니다.

배당을 하지 않는다는 전제하에 기업의 자본총계는 당기순이익만큼 증가할 겁니다. 이렇게 늘어난 자본총계를 B_1이라고 하죠. 그리고 내년도 기업의 ROE를 ROE_2라고 하면, 2년 뒤 기업의 잔여가치는 'B_1 × $(ROE_2 − r)$'이며, 현재가치는 'B_1 × $(ROE_2 − r)$ / $(1 + r)^2$'입니다.

3년 뒤 초과이익의 현재가치는 B_2 × $(ROE_3 − r)$ / $(1 + r)^3$,

4년 뒤 초과이익의 현재가치는 B_3 × $(ROE_4 − r)$ / $(1 + r)^4$,

5년 뒤부터는 동일한 규칙으로 이어지겠죠? 그럼 이렇게 복잡한 공식을 그림으로 만들어 보면,

$$B_0 + B_0 \times \frac{(ROE_1 - r_e)}{(1 + r_e)} + B_1 \times \frac{(ROE_2 - r_e)}{(1 + r_e)^2} + \ldots$$

이러한 공식이 되고, 조금 줄여 보면 다음과 같이 표현됩니다.

$$V_0 = B_0 + \sum_{t=1}^{\infty} \frac{(ROE_t - r_e) \times B_{t-1}}{(1+r_e)^t}$$

가장 정확한 공식이긴 하지만, 이 공식은 주린이분들이 사용하시기에는 너무나도 부담되는 상태입니다. 따라서 몇 가지 가정을 투입하겠습니다.

매년 B(자본총계)는 당기순이익만큼 증가합니다. 하지만 증가하지 않는다고 가정해 보죠. 자본총계가 증가하지 않고 현재 상태로 유지된다는 가정을 하는 겁니다. 나아가 ROE도 매년 다르겠지만 평균적인 ROE 수준을 유지한다고 가정해 보겠습니다. 그럼 B_1, B_2, B_3, 이렇게 자본총계가 바뀌는 것이 아니라 B로 고정되며, ROE도 그냥 "ROE"로 고정이 됩니다.

그럼 RI의 공식은 다음과 같이 정리됩니다.

$$B + B \times \frac{ROE - r}{1+r} + B \times \frac{ROE - r}{(1+r)^2} + B \times \frac{ROE - r}{(1+r)^3} + \dots$$

약간의 규칙이 생긴 듯합니다. 고등학교 수학이 기억나시는 분들이 계실지 모르겠습니다만, 위에서 정리한 공식은 맨 앞의 B를 제외하면 첫째 항이 'B × (ROE − r) / (1 + r)', 공비가 '1 / (1 + r)'인 무한등비급수의 합과 동일합니다. 무한등비급수의 합을 구하는 공식에 위 변수를 대입해 보면 마침내 앞에서 여러분께 소개드린 'V = B + B × (ROE − r) / r'이라고 하는 공식이 도출됩니다.

그저 궁금하신 분들을 위해 가볍게 정리하였을 뿐이니 굳이 외우려고 애쓰지는 않으셨으면 좋겠습니다. (^^)

(3) 절대가치법은 RI밖에 없나요?

아닙니다. 사실 잔여가치법은 최근 들어 주목을 받고 있는 절대가치법 모델입니다. 전통적으로 더 많이 쓰이는 현금흐름할인모형(Discounted Cash Flow), 경제적부가가치모형(Economic Value Added) 등 다양한 모델이 존재합니다. 특히 한국 자본시장의 전문가(투자은행, 자산운용사, 사모펀드 등) 집단에서는 DCF를 모르면 업무 수행이 불가능할 정도로 DCF를 많이 활용합니다.

DCF는 이론적으로는 가장 완벽한 모델로 알려져 있습니다. 이 책에서는 설명을 생략하겠습니다만, DCF를 차근차근 배워 보면 기업의 가치가 하나하나 계산되는 과정에서 정말이지 논리적 허점을 찾기가 매우 어렵습니다. 하지만 **이론적으로 완벽하다고 해서 실무적으로도 완벽한 것은 아닙니다.** 오히려 이론적으로 완벽할수록 실무적으로는 한계가 명확한 경우가 많습니다. 이론에는 가정이 많이 필요하고, 가정이 많이 들어갈수록 실제 기업의 가치를 객관적으로 설명하기는 매우 어려워집니다.

밸류에이션의 핵심은 최대한 우리들의 주관적인 판단을 배제하는 데에 있습니다. 하지만 가정을 하다 보면 자꾸 내가 좋아하는 기업에게는 유리한 가정을, 내 맘에 들지 않는 기업에게는 불리한 가정을 적용하게 됩니다. 점점 끼워 맞추기식 가치평가를 하게 되죠. 이것이 DCF의 실무상 치명적인 한계입니다. 이론상 완벽함에도 불구하고 실무자의 주관으로부터 결코 자유롭지 않은 것이죠.

실제로 과거 삼성전자의 적정가치를 DCF로 돌려 보면 적정주가를 20,000원으로도 산출할 수 있고, 200,000원으로도 산출할 수 있었던 것이 기억이 납니다. 이것이 제가 여러분께, 그리고 제 고객분들께 DCF를 섣불리 권장하지 않는 이유입니다. 주린이들이 이해하기 너무 어렵기도 하고요.

투자는 많이 버는 게임이 아닙니다. 적게 잃는 게임입니다.

고작 잃지 않기 위해서 이 힘든 여정을 해야 하는지 의문이 드실 듯합니다. 하지만 여러분 계좌의 10년 뒤, 20년 뒤를 지키기 위해서 필요한 말씀입니다. 많이 벌기 위한 전략은 필히 많이 잃을 수 있다는 가능성을 내포합니다. **벌기만 하고 잃지 않는 전략은 어디에도 없습니다.**

많이 벌고 많이 잃는 전략과 적게 벌고 적게 잃는 전략, 결국 상/하방의 퍼센트가 동일하다면 결과가 똑같지 않느냐고 물어보실 수 있습니다. 오해를 깨기 위해 예시를 들어 보겠습니다.

벌 때는 50% 벌고, 잃을 때에도 50%를 잃는 게임이 있다고 합시다. +50%, −50%를 반복하면 어떻게 될까요? 100만 원으로 출발한 자산은 +50%/−50%를 거쳐 75만 원이 됩니다. 그다음 사이클에서는 56만 2,500원이 됩니다. 가면 갈수록 여러분의 자산은 깎여 내려갑니다. +50%가 문제가 아닙니다. −50%가 문제입니다. 아무리 많이 벌면 뭐 합니까? 깨질 때 반 토막이 동강 나 버리는데요.

다른 예시를 들어 볼까요? 제가 강의 때 실제로 많이 시연하는 게임입니다. 이번에는 50:50이 아니라 오히려 조금 유리하게 바꿔 봤습니다. 반반의 확률로 이기거나 지는 게임을 하나 제시하겠습니다. 이기면 원금의 60%를 드리지만, 지면 40%를 가져갑니다. 그리고 여기서 수익률은 무조건 복리로 계산됩니다. 그리고 여러분은 이 게임을 원하는 만큼 플레이하실 수 있습니다. 어떻게 하시겠습니까?

표면적으로 이 게임은 잃을 것이 없어 보이는 게임입니다. 이기면 60%씩 늘어나는데 질 때는 딱 40%씩만 잃기 때문입니다. 하지만 가상 시뮬레이션을 돌려 보면 이 게임은 하면 할수록 통계적으로 이길 수 없는 게임이라는 것을 알 수 있습니다.

비밀은 '퍼센트 곱셈'에 있습니다. 주가가 10% 하락했을 때 원금을 회복하기 위해서는 하락한 주가에서 약 11% 정도 상승해야 합니다. 20% 하락하면 25%의 상승이 필요합니다. 30% 하락하면 약 43%의 상승이, 50% 하락하면 자그마치 100% 상승이 필요합니다. 주가가 90% 하락하면 제자리를 찾기 위해 주가가 10배(1,000%) 상승해야 합니다. 약간의 하락을 만회하기 위해 더 높은 수준의 상승이 필요합니다.

여러분이 연습하셔야 하는 건 많이 오를 주식을 찾는 것이 아닙니다. **적게 떨어지는 주식을 찾아야 합니다.** 포트폴리오의 하방을 막고 상방을 조금씩만 열어 둔다면 여러분의 계좌는 시간의 흐름을 타고 기하급수적으로 성장할 수밖에 없습니다.

아직까지는 감사하게도 연평균 22% 수준의 수익률을 기록하고 있지만 실제 제가 목표로 하는 수익률은 연 13% 정도입니다. 1년에 13%? 고작 그거 하려고 내가 이 공부를 해야 해? 라는 생각이 드신다면 놀라지 마십시오. 연 13%의 수익률을 10년간 반복하면 여러분의 계좌는 자그마치 3.4배가 됩니다. 실제 제 수익률과 유사한 22%의 수익률을 10년간 반복하면 7.3배가 됩니다.

워렌 버핏의 연평균 수익률은 약 20%로 알려져 있습니다. 제가 더 높은 수익률을 기록하고 있으니 자랑하는 거 아니냐 하실 수 있지만 절대 그렇지 않습니다. 버핏의 무서운 점은 이 수익률을 약 60년간 지속하고 있다는 것입니다. 20%의 수익률을 60년간 복리로 지속하면 원금이 56,347배가 됩니다. 1만 원이 5.6억이 되는 수치입니다. 1,000만 원의 시드로 시작했다면 약 5,600억의 부자가 되어 있겠죠.

제발 부탁드립니다. **수익률을 높이기 위해 안간힘을 쓰지 마십시오.** 안간힘을 쓸수록 여러분 포트폴리오의 하방도 그만큼 열릴 겁니다. 그러다 운이 나빠 휑하니 열린 하방에 계좌가 빠지게 되면 여러분은 꽤 오랜 시간을 원금을 회복하는 데에 써야 합니다. 제가 꽤 괜찮은 수익률을 바탕으로 강의를 할 수 있고 여러분께 꾸준히 메시지를 전달할 수 있는 이유도 시장이 떨어질 때 잘 떨어지지 않는 포트폴리오 구성을 갖고 있기 때문입니다. **경제적 자유는 "잃지 않는" 데에서 출발합니다.**

IV.

시간을 이겨라
– Kevmetrics

여기까지 오시느라 정말 고생 많으셨습니다. 제대로 하는 투자 공부를 처음 시작하시는 분들께는 결코 만만치 않은 시간들이었을 것이라 생각합니다. 이번 장은 차근차근 이 책을 따라오신 분들께 드리는 케빈쌤의 선물입니다.

앞의 내용들을 숙지했다고 해서 기업분석이 바로 술술 풀리시지는 않을 겁니다. 막상 재무제표도 분석하고, 비즈니스모델도 구성하고, 적정주가를 계산하는 과정에서 이런 의문이 드실 수 있습니다.

"진짜 이것만 하면 되는 걸까……? 기업을 분석하면서 다른 건 보지 않아도 되는 걸까?"

당연히 전부가 아닙니다. 사실 실력만 뒷받침된다면 기업을 분석할 때 여러분들께서 보시는 요인은 많으면 많을수록 좋습니다. 각 요인을 충실하게 분석하고 다른 분석과 조화롭게 해석할 수만 있다면 정보는 많을수록 여러분의 수익률을 높여 줄 것입니다.

하지만 처음 시작하는 투자에서부터 "볼 수 있는 건 다 보세요"라고 한다면 너무나 막막하겠죠? 그래서 준비했습니다. 제가 기업을 분석하면서 무조건 확인하는 필수 지표들입니다. 기업의 경쟁력을 설명하는 수많은 지표들이 있겠지만, 적어도 지금부터 소개하는 네 가지 지표를 모두 높게 유지하는 기업이 있다면 장기적으로 그 기업의 주가는 필히 우상향할 것임을, 그리고 여러분이 기업을 분석하는 시간을 획기적으로 줄여 줄 것임을 확신합니다.

영업이익률

먼저 영업이익률, **'영업이익 / 매출'**입니다. 앞에서 매출에서 변동비를 빼고 고정비를 제하면 장사해서 남는 이익, 영업이익이 된다고 했던 것을 기억하시나요?

영업이익률이 높을수록 같은 매출을 냈을 때 남는 이익이 크다는 것이고, 그만큼 주주의 몫이 성장하기 편리하다는 것을 의미합니다. 주주의 몫을 빠르고 쉽게 늘려 주는 기업이라면? 경쟁력이 있는 기업이겠죠.

조금 더 기술적으로 풀어 보겠습니다. 우리나라의 꽤 많은 기업들이 제조업 중간재에 속하며 전체 비용에서 원재료가 차지하는 비중이 높습니다. 따라서 제품의 판가와 원재료의 원가를 어떻게 관리하는지가 기업의 영업이익률에 상당한 영향을 줍니다. 영업이익률이 높으려면 판가가 높거나 원가가 낮아야 합니다.

고객은 특별하지 않은 제품에 가격을 지불하지 않습니다. 제품으로부터 받을 수 있는 효용이 동일하다면 무조건 낮은 가격의 제품을 선택할 겁니다. 반대로 말하면 높은 판매가격을 책정했는데도 고객이 계속해서 물건을 사고 있다면 그 제품만의 특별한 가치가 있기 때문일 겁니다. 고객의 니즈를 정확히 파악하여 경쟁사보다 먼저, 그리고 효과적으로 그 니즈를 채워 줄 수 있는 역량, 그것이야말로 기업의 경쟁력입니다.

원가 효율화만큼 우리나라 경영진들을 피 말리게 하는 단어가 없을 겁니다. 중간재 산업으로 대표되는 한국 경제이기에 판가를 올리는 것이 쉽지 않습니다. 그래서 기업들은 원가 절감을 선택합니다. 하지만 원가를 낮춘다는 게, 아…… 쉽지 않습니다. 공급처도 사업자이기 때문에 어떻게든 공급단가를 높이려 합니다. 원재료 사이드에서는 공급자가 갑인 경우도 많아 공급단가를 내리는 협상을 시도하면 아예 주문을 받지 않겠다고 으름장을 놓는 경우도 부지기수입니다. 이런 팍팍한 경제환경에도 불구하고 경쟁사에 비해 원가를 낮게 유지할 수 있는 기업이라면 그 역시 경쟁력일 것입니다. 밸류체인에서 교섭력이 높든, 수직계열화를 통해서 원재료 조달 과정 자체를 내재화하든, 겉으로 드러나지 않지만 주주의 주머니를 알차게 만들어 주는 전략을 기업이 실행하고 있을 겁니다.

개인적으로는 **영업이익률이 20% 넘게 유지되는 기업**이라면 밸류에이션상 그리 싸지 않은 주가라고 하더라도 눈여겨보는 편입니다. 한국 기업들의 평균 영업이익률은 대개 8%를 넘지 못합니다. 소비재 산업이 발달하지 않은 데에서 발생하는 취약점이기도 하지요. 그런 경제에서 자그마치 20%가 넘는 영업이익률을 유지한다는 것은 모르긴 몰라도 충분히 시장에서 그 기업을 인정할 만한 요인이 있다는 것이고, 그런 메리트가 이미 주가에 어느 정도 선반영되어 있을 겁니다. 너무 자연스러운 주주의 마음이기에 굳이 저평가가 아니더라도 감안하고 기업을 기분 좋게 분석해 볼 수 있는 것이죠.

절대 투자 추천을 드리는 것은 아닙니다만, 말도 안 되게 높은 영업이익률을 유지하는 기업을 하나 소개해 볼까 합니다. 코스닥에 상장된 "코엔텍"이라는 기업입니다. 코엔텍의 2019년 영업이익률은 40%, '20년은 43.8%, '21년은 49.4%, '22년은 53.8%, '23년은 43.7%입니다. 5개년 평균 영업이익률이 자그마치 46.1%입니다. 대체 뭘 하는데 100억 팔면 46억이 남는 장사를 하는 걸까요?

IFRS(별도)	2019/12	2020/12	2021/12	Annual 2022/12	2023/12
영업이익률	40.00	43.82	49.35	53.57	43.66

58

....

58 코엔텍 연도별 영업이익률 (출처: comp.fnguide.com)

이 기업은 영남권에서 폐기물 소각 및 매립을 주 사업으로 하는 기업입니다. 처음 이 기업을 봤을 때 아주 잠깐 '분식회계인가?' 하는 생각이 들 정도로 이 기업의 영업이익률과 비즈니스모델을 연결시키기가 어려웠습니다. 고작 폐기물 처리하는 업체가 영업이익률이 저렇게 나온다는 게 상식적이지는 않거든요. 하지만 모든 의문은 이 기업의 사업보고서를 보면서 풀렸습니다.

사업부문	매출유형	품 목	구체적용도	주요상표등	매출액(비율)
소각부문	유틸리티	스팀	소각폐기물을 소각처리 시 발생하는 폐열을 이용한 스팀생산 및 판매	스팀판매	12,006 (55.8%)
	처리매출	소각	사업장폐기물 중 소각대상폐기물을 소각처리하는 서비스로 지정외/지정소각시설로 나눔	소각처리	6,419 (29.9%)
매립부문	처리매출	매립	사업장폐기물 중 소각처리 할 수 없는 매립대상 폐기물을 매립 처리하는 서비스로 지정외/지정 매립시설로 나눔	매립처리	3,078 (14.3%)

[59]

코엔텍은 폐기물을 소각하면서 발생하는 열을 이용하여 스팀을 생산하고, 이를 SK에너지 등 고객사에 판매합니다. 스팀을 인위적으로 생산하는 것이 아닙니다. 어차피 쓰레기를 소각하면서 열은 발생하고, 이 열을 이용해 한 번 더 매출원을 만들 뿐입니다. 즉, 코

59 코엔텍 2024년 1분기 분기보고서 (단위: 백만 원)

엔텍에게 스팀 생산은 사실상 공짜 매출이나 다름없는 것이죠.

실제로 회사에 확인해 보면 폐기물 소각 및 매립으로부터 발생하는 영업이익률은 경쟁사와 크게 다르지 않은 수준이라고 합니다. 하지만 여기에 공짜 스팀 매출, 그것도 매출비중 55.8%짜리 매출원이 붙어 버리니 말도 안 되는 영업이익률을 꾸준히 유지할 수 있는 겁니다.

영업자산이익률

　영업이익률과 유사하게 여러분들께서 꼭 보시면 좋은 지표는 "영업자산이익률"입니다. 공식으로는 **'영업이익 / 영업자산'**으로 계산됩니다. 복습한다고 생각하시고 다시 읊어 볼까요?

　영업자산은 대개 유형자산, 무형자산, 재고자산, 매출채권 정도로 구성됩니다. (이 분석에서 현금은 제외하겠습니다.) 영업자산이익률은 **기업이 주어진 영업자산을 가지고 얼마나 많은 부가가치를 효율적으로 창출할 수 있는지**를 알려 주는 지표입니다. 적은 영업자산을 가지고 최대한의 영업이익을 낼 수 있다는 것은 높은 확률로 그만큼 주주가치도 기분 좋게 성장하고 있음을 의미합니다.

　영업이익 자체를 높이는 건 어찌 보면 그리 어렵지 않을지도 모릅니다. 누군가 엄청난 자금을 들이부어 영업규모를 키우면 자연

　　　　　　　　　　　　　　　　　IV. 시간을 이겨라

스럽게 매출이 늘어나면서 영업이익도 확률적으로 증가하겠죠. 하지만 그런 전략을 취하는 기업의 주주들은 행복하지 않을 겁니다. 영업규모를 키우는 과정에서 과도한 자금이 조달되어야 했을 것이고, 그 자금을 부채로 조달했다면 과도한 이자부담에, 자본으로 조달했다면 유상증자를 통한 지분가치 희석에 직면했을 겁니다. 즉, 주주가치를 생각한다면 자산규모를 적당히 유지하면서도 마진을 끌어내야 합니다. 그 효율성을 나타내는 지표가 바로 영업자산이익률인 것이죠.

저는 높은 영업자산이익률의 기준으로 **20%**를 제시합니다. 단 한 해 20%의 영업자산이익률을 기록하는 것으로는 만족하지 않습니다. 몇 년 이상 꾸준히 높은 영업자산이익률을 유지하는 기업이야말로 구조적인 장점을 가지고 있다고 보아야 하고, 여러분이 찾던 기업일 겁니다.

영업자산이익률이 꾸준히 높은 기업을 하나 제시해 볼까요? 코스닥 상장사 "윈스"는 정보 보안 관련 솔루션 및 시스템을 판매하는 기업입니다. 안랩, 시큐아이닷컴 등과 국내에서 경쟁하고 있으며, 네트워크 보안 제품 시장에서는 수년간 국내시장 점유율 1위를 유지하고 있습니다. 특히 하이엔드 IPS(Intrusion Prevention System) 영역에서 인정받을 만한 기술력을 가지고 있습니다.

(단위: 억원)	2019	2020	2021	2022	2023
매출채권	180	124	185	198	154
재고자산	97	76	77	99	100
유형자산	291	259	248	265	281
무형자산	47	35	38	31	19
영업자산	615	494	548	593	554
영업이익	153	187	209	219	230
영업자산이익률	24.9%	37.9%	38.1%	36.9%	41.5%

윈스의 영업자산이익률은 2019년 24.9%, '20년 37.9%, '21년 38.1%, '22년 36.9%, '23년 41.5%입니다. 5개년 평균 영업자산이익률은 36%에 달합니다. 폭발적인 매출성장은 하지 않아 많은 분들의 관심을 받고 있지는 않지만 꾸준하게 영업자산을 효율화하면서 안정적인 부가가치를 창출하고 있습니다. 숨어 있는 알짜배기 기업인 것이죠.

그렇다고 덜컥 매수하는 일은 없으셨으면 합니다. 영업자산이익률이 높은 것은 장점이지만, 이 기업도 단점은 있습니다. 안정적으로 성장하면서 벌어들인 현금이 꽤 되는데, 아직 이 가치가 주주에게 빠르게 환원되고 있지는 않습니다. 자산의 상당 부분이 비영업자산인 금융자산에 투자되어 있어 매년 만족할 만한 금융수익을 창출하고는 있지만 그만큼 주주환원이 약하다는 뜻이기도 합니다.

....

60 윈스 연도별 영업자산이익률

사람들의 관심 밖에 있어 베타(시장 대비 변동성 지표)도 굉장히 낮아 잘못 물리면 본전 찾는 데에 꽤 오랜 시간이 걸릴지도 모릅니다.

그럼에도 불구하고 개인적으로 이 기업에 대해 관심을 갖는 이유는 역시 AI입니다. 매일 진화를 거듭하는 AI산업에서 파생되는 여러 관련 산업들이 있습니다. 최근 전력 인프라 관련 테마도 그렇고, AI 데이터센터를 가동하는 데에 필요한 에너지 관련 기업들도 그렇습니다. 저는 이다음 움직임은 데이터 그 자체에서 나오지 않을까 생각합니다. 더 정밀하고 자연스러운 AI모델을 구현하기 위해서 막대한 데이터가 지금 이 순간에도 투입되고 있으며, 이러한 데이터를 저장하고 있는 서버에 대한 보안 이슈도 함께 부각되지 않을까 하는 아주 작은 예측입니다. 그럴 때 더욱 강하고 즉각적으로 대처 가능한 보안시스템을 제공하는 기업이라면 장기적으로 매력적이지 않을까 하는 차원에서 공부해 보고 있습니다.

이자보상배율

    기업의 실질적인 차입부담을 알고 싶다면 이자보상배율을 확인 하시면 됩니다. 이자보상배율은 **'영업이익 / 이자비용'**으로 계산합 니다. 앞에서 부채를 금융부채와 영업부채로 구분하여야 한다고 말씀드리면서 금융부채가 많은 기업은 위험할 수 있다고 했습니 다. 하지만 이런 기업은 어떤가요? 차입금을 과도하게 가져다 쓰는 듯하더니 그 돈으로 어마무시한 영업이익을 내는 겁니다.

    우리가 과연 그 기업에게 "야! 너 차입금 너무 많아! 좀 줄이는 게 낫지 않아?"라고 이야기할 수 있을까요? 오히려 차입금을 가지고 훌륭한 레버리지 효과를 일으켜 높은 부가가치를 창출했으니 칭찬 해 줘야 하지 않을까요? 마치 어떤 학생이 하루 6시간씩 게임을 하 면서 계속 전교 1등을 하는 상황과 같습니다. 부모 입장에서 게임을 너무 많이 하니 걱정은 되는데 아이가 그 시간을 통해 스트레스를 해소하고 나머지 시간에 더욱 공부에 집중해 성적까지 잘 나와 버리니 할 말이 없는 것이죠.

이럴 때 여러분의 골칫거리를 해결해 줄 지표가 바로 이자보상배율입니다. **차입금이 많아서 높은 수준의 이자비용을 감당해야 하더라도 그 이상의 영업이익을 창출할 수 있다면** 그 기업은 잘하고 있는 겁니다. 영업이익으로 이자비용을 몇 번이나 낼 수 있을 정도의 효율성을 가진 기업이라면, 차입금 조달하라죠, 뭐.

이자보상배율의 허들은 **10배** 정도로 보시는 것이 적당합니다. 이자보상배율이 10배보다 낮다면 불황이 찾아왔을 때 생각보다 빠르게 이자보상배율이 하락하면서 주주가치가 훼손됩니다. 예를 들어 보죠. 이자보상배율이 5인 기업이 있다고 합시다. 영업이익이 100억이라면 이자비용이 20억 정도겠지요. 이 기업의 세전이익은 '100억 - 20억 = 80억'입니다. 여기서 20% 정도의 법인세를 부담해야 하니 16억을 제외하면 주주가치, 즉 당기순이익은 64억 정도밖에 남지 않습니다. 영업활동을 통해 100억이라는 큰 부가가치를 창출해도 주주가 가져가는 몫은 64억으로 크게 감소하는 것이죠. 여기서 불황이라도 닥치면, 예를 들어 영업이익이 80억으로 감소했다고 해보죠. 나아가 불황이 찾아오면서 기업의 신용등급이 악화되어 이자율이 기존 2%(가정)에서 4%까지 올라왔다고 해봅시다.

이자율은 딱 2%p 올라온 것이지만 이자비용은 자그마치 2배가 됩니다. 그럼 이자비용이 40억이 되겠죠. 영업이익 80억에서 이자비용 40억을 제하고 남는 세전이익 40억, 여기서 법인세 8억(20%)을 제외하면 당기순이익은 32억으로 쪼그라듭니다. 단 1년 만에 순이익이 64억에서 32억으로 반 토막이 나는 것이죠. 이자보상배율은 '80억 / 40억', 2배로 떨어집니다.

이자보상배율이 낮은 기업들은 종종 이런 상황에 직면합니다. 작년까지만 해도 당기순이익이 괜찮게 나오는 듯했다가도 바로 이렇게 고꾸라집니다. 따라서 **최소한 10배 이상의 이자보상배율을 유지하는 기업을 우선적으로 찾아보시기를 권장드립니다.** 이자보상배율이 높은 기업은 영업이익이 감소해도 주주가 받는 피해가 치명적인 수준까지는 가지 않기 때문입니다.

ROE의 추이

케빈쌤이 추천하는 필수 지표 마지막은 앞에서도 다룬 ROE입니다. 소프트뱅크의 손정의 회장이 향후 세계 경제를 흔들 키워드로 "AI! AI! AI!"라고 소리쳤다고 하죠. 저는 감히 여러분들께 외칩니다. **주가는 무조건 ROE! ROE! ROE!**

ROE의 중요성은 미국 시장에서 더욱 두드러집니다. ROE가 높아지면 주가 상승, ROE가 하락하면 주가 하락이라는 공식까지 있을 정도이니까요. 그렇다 보니 무리를 해서라도 ROE를 높이는 경영진도 많습니다. 본 책에서 다룰 주제는 아니지만 자사주 매입 및 소각을 틈날 때마다 진행해서 자본을 극단적으로 줄이고, 그렇게 '당기순이익 / 자본'으로 계산되는 ROE를 극대화하는 기업들이 많습니다. 잘되면 애플처럼 인류 역사상 가장 위대한 기업이 되기도 하지만, 때로는 보잉(Boeing)처럼 한순간에 자본잠식에 빠지기도 합니다. 그만큼 ROE는 주가에 직접적인 영향을 주는 너무나도 중요한 요소입니다. 이 책에서 언급하는 수많은 분석 포인트도 결국 기업의 ROE가 높아질 수 있는 잠재력이 있는지를 확인하기 위한 과정들이고, 케빈베스트먼트의 고객들도 다양한 심화 강의에서 ROE가 높아질 수 있는 여력을 어떻게 찾을 수 있는지 배우십니다.

ROE는 주주가치가 성장하는 속도입니다. 다시 공식으로 가 볼까요? **'ROE = 당기순이익 / 자본총계'**입니다. 당기순이익은 한 해 주주가 벌어 가는 새로운 부가가치입니다. 자본총계는 주주가 투입한 원금과 그 원금을 가지고 기업이 주주 몫을 쌓아 둔 금액인 이익잉여금으로 구성된, 누적된 주주가치죠. 누적된 주주가치에 비해서 새롭게 추가되는 주주가치가 얼마나 되느냐, 즉 **주주가치가 성장하는 속도가 얼마나 되느냐**, 더 쉽게 풀어 보면 주주로서 여러분의 자산이 불어나는 속도인 셈입니다.

이 책의 범위 안에서 ROE를 높이는 방법은 두 가지입니다. 1)당기순이익을 높이거나, 2)자본을 줄이면 됩니다. 순이익을 높이는 방법은 손익계산서에서 어느 정도 언급되었습니다. 매출규모를 늘리는 동시에 마진을 높게 유지하면 영업이익이 늘어나면서 당기순이익이 증가하겠죠. 하지만 자본을 줄이다니, 이게 무슨 뚱딴지같은 소리일까요? 애써 쌓은 주주가치인 자본총계를 왜 굳이 줄여야 할까요?

 주식시장은 기업이 이미 벌어들인 가치에는 큰 관심이 없습니다. 앞으로 어떻게 성장할 것이냐가 훨씬 중요합니다. 그런 의미에서 자본을 줄여서라도 미래 성장률을 극대화할 수 있는 기업이라면, 적어도 주식시장의 관점에서는 충분히 밸류를 높게 받을 수 있는 겁니다. 일반적으로 배당을 적극적으로 하거나 자사주를 매입, 소각하면 자본이 줄어들면서 (숫자만 줄어드는 겁니다. 실제 주주가치가 훼손되지는 않습니다. 자세한 이야기가 궁금하다면 "공부하는 투자 케빈쌤" 유튜브 채널을 참고하세요.^^) ROE가 상승합니다. 즉, 여러분들께서는 기업이 순이익을 높이고 있는지도 확인하셔야 하지만, 동시에 **적절한 주주환원을 통해서 자본을 일정 수준 이하로 유지하는지**도 확인하셔야 합니다.

 한국 기업들의 평균 ROE는 약 7% 수준입니다. 은행에서 가입할 수 있는 적금이 4%씩이나 주는 지금 기업들이 성장하는 속도가 7%에 그친다는 걸 생각하면 참으로 안타깝기 그지없습니다. RI(잔여가치법)에서 주주요구수익률이 최소 10% 정도는 깔고 가야 한다고 했던 것, 기억하시나요? 주주는 기업에 최소 10% 성장률을 요구하는데, 기업은 실제로 평균 7% 정도밖에 성장하지 못합니다. 이것이 우리나라의 현실입니다. 흔히 코리아 디스카운트라는 표현을 쓰시면서 기업의 펀더멘탈과 상관없이 한국 시장이 지정학적 요인

등을 이유로 억울하게 저평가되어 있다고 말씀하시는 분들이 계시는데, 그렇지 않습니다. **펀더멘탈이 딱 그 정도인 겁니다.** 요구되는 수익률이 10%인데 실제로는 7%밖에 성장하지 못하는 시장에 투자자들이 어떻게 높은 밸류를 주겠습니까? 억울하게 디스카운트가 아니라, 디스카운트될 만하니까 디스카운트였던 것입니다.

이야기가 조금 샜네요. 저는 **15% 이상의 ROE를 꾸준하게 유지할 수 있는 기업**이라면 주가가 너무 심각하게 고평가된 것만 아니라면 눈여겨봐야 한다고 생각합니다. 딱 한 번 운 좋게 15% 이상의 ROE를 기록하는 것은 어렵지 않습니다. 하지만 15% 이상의 ROE를 꾸준히 유지할 수 있다면 사업적 경쟁력을 통해 충분한 마진을 내는 동시에 적절한 주주환원까지도 곁들이고 있다고 보셔야 합니다. 그렇지 않고서는 장기적으로 높은 ROE를 유지할 수 없습니다. 왜냐고요? 기업이 성장하면서, 즉 당기순이익을 창출하면서 계속 이익잉여금이 늘어나고, 이는 자본을 증가시키기 때문입니다. 그럼 높은 ROE를 유지하기 위해 점점 더 높은 당기순이익을 내야 합니다. 순이익만으로 ROE를 높게 가져가는 것은 다소 비현실적이라는 말씀입니다. 주주환원 없이는 ROE가 높게 유지될 수 없는 것이죠.

(단위: 억원)	2024	2025	2026	2027	2028	...
ROE	20%	20%	20%	20%	20%	더 많은 순이익!
자본총계	100	120	144	173	207	
당기순이익	20	24	29	35	41	

61

제가 투자했던 기업 중 참 기억에 남는 기업으로 "티씨케이"가 있습니다. 2019년 ROE가 23.2%, '20년 24.7%, '21년 26.8%, '22년 24.9%, '23년 14%입니다. 5개년 평균 ROE가 22.7%입니다. 이 기업의 주주들의 가치는, 비록 주가는 아닐지라도, 매년 22%씩 상승했다는 뜻입니다. 숫자를 가만 보면 "2023년도 ROE가 14%로 급격하게 하락한 건 어떻게 설명할 거냐?" 하실 수 있지만 이 기업의 비밀을 말씀드리죠.

IFRS(별도)				Annual	
	2019/12	2020/12	2021/12	2022/12	2023/12
ROE	23.15	24.65	26.85	24.87	14.00

62

티씨케이는 반도체 식각 공정에 쓰이는 SiC Ring을 생산하는 기업입니다. 식각 공정을 하기 위해서는 식각 장비 안에 웨이퍼를 고정시켜야 하는데 이때 필요한 부품이 SiC(실리콘카바이드) Ring입

....

61 높은 ROE를 유지하기 위해서는 계속해서 당기순이익이 증가해야 한다.

62 티씨케이 연도별 ROE (출처: comp.fnguide.com)

니다. 기존에는 그냥 Si(실리콘) Ring을 활용했는데, 반도체 공정이 점점 고온/고압화가 되어 가면서 기존 실리콘 링은 너무 자주 교체되어야 했습니다. 그래서 실리콘 링보다 플라즈마도 잘 견디고 내열성도 높으면서 내구도가 높아 자주 교체하지 않아도 되는 SiC Ring이 부각되었는데 이와 관련한 특허를 다수 보유하고 있는 기업이 티씨케이입니다. 그간 경쟁사의 진입을 각종 특허소송을 통해 방어하였고 엄청난 마진과 함께 높은 ROE를 유지할 수 있었던 것이죠. 물론 최근 특허를 피해 진입하고 있는 경쟁사들이 나타나고는 있지만 여전히 SiC Ring 시장에서 티씨케이의 경쟁력은 독보적입니다.

나아가 2023년에 급하락한 ROE 14%에 대해서도 오히려 이 낮은 지표가 제가 티씨케이에 투자했던 요인 중 하나가 되었습니다. 책 곳곳에서 말씀드렸다시피 2023년은 반도체 역사상 최악의 불황이 찾아온 한 해였습니다. 삼성전자와 SK하이닉스 등 유수의 기업들이 반도체 감산에 나섰고, 반도체 생산에 소모품으로 쓰이는 SiC Ring 매출도 저조할 수밖에 없었죠. 업황대로라면 티씨케이는 2023년 적자가 나도 이상하지 않았습니다. 하지만 그 힘든 시기에 티씨케이의 주주가치는 14%'나' 성장했던 것이죠. 오히려 저는 최악의 해에 한국 대부분 기업들의 ROE(7%대)의 2배에 달하는 14% 수준의 ROE를 버텨 줄 수 있는 회사라면 조금만 업황이 반등해도 금방 ROE가 회복할 것이라는 판단을 하였고, 적절한 시점에서의 매수는 2024년 케빈베스트먼트의 포트폴리오가 성장하는 데에 크게 기여하였습니다.

매매일	종목명	매수평균가	매도평균	수익률
2023/11/28	티씨케이	81,800	98,100	18.59%
2023/12/15	티씨케이	81,800	109,100	31.94%
2024/04/09	티씨케이	97,350	127,600	29.92%
2024/04/19	티씨케이	97,350	126,900	28.97%
2024/06/14	티씨케이	116,204	146,600	25.06% [63]

[64]

....

63 Kevinvestment 운용 포트폴리오 참조
64 Kevinvestment 운용 포트폴리오 참조

제가 사랑하는 지표가 여러 가지가 있습니다. 재무지표도 있고, 경제지표도 있고, 몇몇 산업지표와 차트지표도 있습니다. 하지만 이 책에서는 기업분석을 처음 배우시는 주린이분들을 위해 가장 필수적이면서도 가져가시기 쉬운 4개 지표를 소개드렸습니다.

여러분이 투자하시는 기업의 영업이익률, 영업자산이익률, 이자보상배율, 그리고 ROE는 어떤가요? 생각보다 제가 제시한 조건을 모두 만족하기가 쉽지 않을 겁니다. 여러분이 원대한 꿈과 희망을 불어넣었던 그 기업이, 알고 보면 그리 강한 기업은 아니었을지도 모릅니다. 꼭 확인해 보셨으면 좋겠습니다.

Kevmetrics 에서 욕심내기

4개 조건을 다 만족하는 기업이 있나요?

앞에서 제가 사랑하는 지표 네 가지를 소개해 드렸습니다. **영업이익률 20% 이상, 영업자산이익률 20% 이상, 이자보상배율 10배 이상, ROE 15% 이상.** 이런 생각이 드실 수 있습니다. 과연 그런 기업이 정말 있을까? 네, 있습니다.

2023년도 연말 실적을 기준으로 위 4개 조건을 모두 충족하는 기업은 총 12개 정도입니다 :

HPSP, 동운아나텍, 드림인사이트, 디어유, 리노공업, 비올, 스톰테크,

제룡전기, 지앤비에스 에코, 코엔텍, 토탈소프트, 트루엔

물론 이 기업들 모두에 대해 매수를 추천드리는 것은 절대 아닙니다. 4개 조건을 충족한다고 해서 모두 무조건 좋은 기업이라는 보장을 할 수도 없거니와 '23년도 실적만 기준으로 말씀드린 수치이지, '22년도 이전에는 굉장히 어려운 기간을 보내다가 '23년 반짝 좋은 실적을 달성한 기업일 수도 있습니다.

12개 기업 중에는 제가 투자했던 회사도 있고, 아직도 투자하고 있는 회사도 있습니다. 여러 기업을 두루 공부하기 부담스러우신 분들께서는 이렇게 기업들을 스크리닝하는 것도 방법일 듯합니다. 네 가지 지표가 절대불변의 정답은 아닙니다. 여러분들만의 프레임워크를 구축하는 것이 가장 중요하다는 것을 꼭 강조드립니다.

정말 말씀드리기 죄송스러우나 너무나 중요한 것이기에 이 이야기를 마지막에 넣었습니다.

투자는 불로소득이 아닙니다. 저는 매 강의에서 투자 역시 근로소득이자 "피로소득"이라고 강력하게 주장합니다.

제가 주식투자를 좋아하는 여러 가지 이유 중 하나는 투자를 통해 다양한 사업을 영위해 볼 수 있다는 점입니다. 여러분이 반도체 산업에 관심도 많고, 반도체 사업을 해보고 싶으셔도 혼자서는 할 수 없습니다. 하지만 반도체 사업을 영위하는 기업들에 투자함으로써 반도체 사업의 일부를 소유할 수 있습니다. 즉, **여러분은 수많은 주식에 투자함으로써 수많은 사업을 하고 있는 것입니다.**

사업은 결국 남의 돈을 버는 일입니다. 남의 돈을 버는 게 어디 쉽던가요? 남의 돈을 벌기 위해서 우리는 고객의 니즈를 파악해야 하고, 그 니즈에 맞는 품질과 사양의 제품 및 서비스를 만들어야 합니다. 제품을 만들었다고 고객이 알아주지도 않습니다. 적절한 브랜딩, 마케팅 전략을 통해 고객에게 "우리 제품이 여기 있어요!"라고 소리쳐야 합니다. 이 모든 과정이 성공적으로 이루어져야 고객은 비로소 자신의 지갑을 엽니다. 그리고 여러분은 이 과정에 대해 여러분이 보유한 지분율만큼 책임을 지고 있습니다.

투자에도 엄청난 노력이 필요합니다. 워렌 버핏은 하루에 5시간 이상을 각종 신문과 기업보고서를 읽는 데 할애합니다. 피터 린치는 마젤란 펀드를 운용하던 시절 하루 12시간 이상을 기업의 가치를 연구하는 데에 썼다고 합니다. 브리지워터 어소시에이츠의 레이 달리오는 하루 8시간 이상을 시장의 다양한 데이터를 분석하는 데에 활용합니다.

저도 마찬가지입니다. 강의하는 시간을 제외하면 대부분의 시간을 경제신문을 읽거나 사업보고서를 읽는 데에 쓰고 있습니다. 하루에 한 개 이상의 기업에 대해 저만의 리포트를 쓰는 루틴을 가지고 있습니다. 1년에 두 번 코스피, 코스닥에 있는 모든 기업들을 저만의 기준으로 스크리닝하여 어떤 기업을 깊게 분석할지 고르는 작업을 합니다. 매일 아침, 전일 미국 주식시장에서 어떤 일이 일어났는지 정리하면서 주요 경제지표를 따라갑니다.

여러분이 취업 준비하던 시기를 떠올려 보십시오. 취직하고자 하는 기업에 대해 자세히 스터디하고, 지원하고자 하는 직무에 맞는 역량을 갖추기 위해 수많은 자격증 시험도 응시하지 않으셨나요? 승진에 욕심이 있으신 분이라면 이미 안정적으로 회사에 다니고 계신다 하더라도 계속해서 준비하고 공부하고 계실 겁니다.

저는 이런 질문을 던지고 싶습니다. **왜 직장에 있어서는 그렇게 피나는 노력을 하시면서 투자는 거저 얻으려고 하시죠?** 투자소득이 '불로소득'이라서 그런가요? 투자도 엄청난 노력을 요하는 영역입니다. 어쩌면 직장생활보다 더욱 기민하게 대응하고 움직여야 하는 영역일지도 모릅니다. 각 시장, 산업, 기업은 정말 시시각각 변하고 있거든요. 투자수익률은 여러분이 투입한 시간, 노력, 에너지에 비례해서 점진적으로 상승합니다. 나아가 여러분이 감내한 스트레스에 비례해 올라갑니다. 이것이 제가 투자소득을 "피로소득"이라고 표현하는 이유입니다.

여러분들께서 당장 투자를 하기 위해 직장까지 때려치우고 전업 투자의 길로 들어서야 함을 주장하는 건 아닙니다. **언제 어디서든 여러분께 가장 중요한 것은 본업이어야 합니다.** 투자로 인한 스트레스가 너무 커서 본업을 방해할 정도라면 투자를 잠깐 쉬어 가야 하는 타이밍입니다. 다만, "내가 이렇게 열심히 일했으니 투자는 좀 거저먹어도 돼"라는 교만한 생각으로부터는 멀어져야 함을 강조드립니다.

마무리하며

책을 쓰기로 마음먹으면서 주린이분들께 꼭 이것만은 전달해야지 하고 생각했던 내용은 모두 전달드렸습니다. 한번 정리해 볼까요?

첫 번째 주제는 "기업을 이겨라: 재무제표 분석"이었습니다. 재무제표를 만드는 것이 아닌, 만들어진 재무제표를 통해 기업을 '읽어 내는' 연습을 했습니다. 재무상태표, 손익계산서, 현금흐름표를 통해 기업이 현재 장사를 잘하고 있는지, 정말 본질적으로 성장하고 있는지 파악하는 방법을 전달드렸습니다. 재무제표 분석의 목적은 그저 기업이 작년에 '돈 이만큼 벌었구나~'에서 끝나는 것이 **아니라 기업의 과거와 현재를 통해 미래에 대한 감을 잡는 것**이라는 점 재차 강조드립니다.

두 번째 주제는 "경쟁사를 이겨라: 비즈니스모델 분석"이었습니다. 앞 장에서 기업을 숫자로 표현했다면, 이 장에서는 기업을 스토리로 풀어내는 연습을 하였습니다. 약간은 창의력과 상상력을 요하는 주제라 난해하셨을 수도 있겠다는 생각이 듭니다. 저는 여러분이 겉으로 드러나는 기업의 가치만 따라가지는 않으셨으면 좋겠습니다. 때로는 가만히 앉아서 허공을 쳐다보고 "이 기업의 본질이 뭘까?" "대체 고객이 왜 이 기업을 좋아하지?" 곰곰이 생각해 보는 연습을 하셨으면 좋겠습니다. 비즈니스모델 분석은 결국 '기업이 계속해서 경쟁사를 따돌리면서 **경제적 해자를 지켜 가게 하는 그 무언가**'를 찾기 위한 여정입니다.

세 번째 주제는 "시장을 이겨라: 적정주가 분석(기업가치평가)"이었습니다. 시장에서 가장 많이 쓰는 밸류에이션인 PER(주가수익비율)과 고성장하는 고퍼주를 설명하기 위한 PEG 비율에 대해 소개하였습니다. 하지만 무엇보다 중요한 건 기업의 가치를 절대적으로 계산하는 RI(잔여가치법)였죠. 이 모든 과정에서 딱 하나를 외워야 한다면 RI 공식이라고도 말씀드렸습니다. RI를 풀어내기 위해 우리는 기업의 자본총계, ROE, 그리고 요구수익률을 대입해야 했습니다. 문제는 기업의 미래 ROE와 요구수익률을 추정하는 것인데, 이 책에서는 주린이가 가볍게, 그러나 합리성을 잃지 않고 두 변수를 추정하는 방법을 제시해 드렸습니다. 결국 여러분의 수익률을 결정하는 것은 좋은 기업을 샀느냐보다도 **그 기업을 어떤 가**

격에 매수했느냐라는 사실, 잊지 마시기 바랍니다.

네 번째 주제는 "시간을 이겨라: Kevmetrics"였습니다. 할 것도 많고 투자는 어려운 주린이분들을 위해 절대 놓치지 말아야 할 핵심 지표 네 가지를 소개드렸습니다. 바로 영업이익률, 영업자산이익률, 이자보상배율, 그리고 ROE였습니다. 다른 지표를 보지 않아도 된다는 말씀이 아닙니다. 하지만 단언컨대 위 네 가지 지표가 좋다면 주가는 장기적으로 우상향할 수밖에 없다고 말씀드립니다. 제대로 된 투자공부, 기업분석을 처음 하시는 주린이분들께서는 위 네 가지 지표를 먼저 다뤄 보시되, 시간과 경험이 쌓이면서 차츰 **여러분만의 분석 메트릭스**를 구축하시면 좋겠습니다.

글을 쓰면서 스스로를 많이 되돌아보게 되었습니다. 제가 강의 때 지나가면서 말씀드리는 내용들이 다시금 신선하게 와닿는 경우도 있었고, 막상 강의에서는 강조하면서도 '나는 내 포트폴리오를 운용할 때 이 원칙을 지키고 있나?' 하는 반추도 해보았습니다. 항상 느끼지만 제가 알고 있는 지식을 누군가에게 강의로 전달할 때 한 번 더 배우게 됩니다. 책을 쓰면서도 그랬습니다.

책을 쓰는 기간 너무도 행복하였고, 재밌었습니다. 투자 공부를 하는 9년도 마찬가지였습니다. 물론 마냥 기쁘기만 한 것은 아니었습니다. 도저히 풀리지 않는 이슈 때문에 답답했던 적도 있었고, 난데없이 시장에 뒤처지는 시기가 찾아오면 서글프기도 했습니다.

마무리하며

저는 이 책을 읽고 공부하시는 모든 분들이 이러한 주식시장의 희로애락을 함께 느껴 보셨으면 좋겠습니다. 느껴 보고 견뎌 나가면서 조금씩 단단한 투자자, 그래서 "건강하게, 맘 편하게, 오래" 투자하는 분들이 되셨으면 좋겠습니다.

여러분 모두의 가시는 길을 응원하고, 또 최대한 빠른 시일 내에, 아니, 딱 적당한 때에 경제적 자유를 달성하시기를 희망합니다. 글을 쓸 수 있도록 이끄신 모든 분들께 감사의 말씀을 전합니다.

'디와이파워' 기업분석 사례

부록까지 오셨다는 것은 정말로 기업분석에 관심을 갖고 공부하실 의향이 있는 분이시리라 생각합니다. 그런 여러분들을 위해 기업분석 프로세스를 깔끔하게 보여 드리고자 합니다. 부채비율을 설명하면서 언급되었던 기업이죠, 한국 유압실린더 1위 기업, 디와이파워입니다.

[재무제표 분석]

자산				부채			
(단위:억원)	2023	2021	변화		2023	2021	변화
현금	507	437	70	금융부채	97	353	− 256
매출채권	772	981	− 209	영업부채	631	807	− 176
재고자산	583	669	− 86	**부채총계**	728	1,160	− 432
유형자산	1,026	1,092	− 66	자본			
무형자산	25	6	19	불입자본	1,083	1,083	−
영업자산	2,913	3,185	− 272	이익잉여금	1,520	1,109	411
비영업자산	454	235	219	기타자본	34	66	− 32
자산총계	3,367	3,420	− 53	**자본총계**	2,638	2,259	379

영업자산은 3,185억에서 2,913억으로 약 270억 감소하였습니다. 자산총계는 거의 그대로임을 감안하면 영업자산이 빠지면서 비영업자산이 증가했다는 것을 알 수 있겠네요. 영업자산에서 어떤 항목이 감소했나 보니, 매출채권, 재고자산, 유형자산이 모두 감소하였습니다. 캐파 확장은 이루어지지 않고, 영업규모도 감소합

니다. 매출은 '21년 4,372억에서 '23년 4,300억으로 소폭 감소하였습니다. **매출 규모가 감소하면서 영업자산의 규모도 함께 감소하였다**고 분석해야겠습니다.

금융부채가 약 250억 감소, 영업부채가 약 180억 감소하였습니다. 금융부채가 감소한 것은 긍정적이지만, 매출규모 감소에 따라 영업부채도 연동/감소되어 걱정스럽긴 합니다.

자산총계는 움직이지 않았는데 부채총계는 크게 감소했다면 자본이 늘었겠군요. 주주원금(불입자본)은 변하지 않았고, 이익잉여금이 400억 증가하였습니다. 이 400억이 부채총계 감소로 이어졌다고 해석할 수 있겠습니다.

디와이파워는 2년간 벌어서 쌓은 400억으로 부채를 상환하였으며, 자산 사이드에서는 영업규모가 소폭 감소하면서 유입된 현금을 금융자산 등 비영업자산으로 전환하였습니다. **안정적이긴 하지만 당장의 성장과는 다소 거리가 있어 보입니다.**

매출	430,034,675	구분	변동비율	고정비합
재고자산의 변동	－ 2,007,456	변	-0.5%	
원재료와 상품의 사용액	263,561,094	변	61.3%	
종업원급여	49,253,698	고		
감가상각비 및 상각비	11,985,682	고		
운반및보관비	11,184,071	변	2.6%	
지급수수료	9,456,627	변	2.2%	
충당부채 환입액	－ 907,161	고		
기타	51,183,999	고		
합계	393,710,554		65.6%	111,516,218

(단위: 천 원)

'23년 기준 디와이파워의 영업이익은 **"매출 × (1 − 65.6%) − 1,115억"**으로 정리할 수 있습니다. 고정비 비중이 상대적으로 작고, 원재료 비용이 차지하는 비중이 크기 때문에 판가와 원가의 차이, 즉 판매마진이 중요한 회사입니다.

(단위: 원)	2023	2022	2021
영업이익	36,324,121,241	26,967,977,466	42,159,270,501
기타이익	5,160,987,324	7,034,149,361	4,286,996,248
기타손실	4,923,345,951	5,476,678,605	2,327,726,200
금융수익	3,545,790,796	3,832,924,023	1,898,982,617
금융원가	3,285,920,344	8,019,662,689	4,002,614,004
관계기업투자손익	− 277,482,941	−	−
법인세비용차감전순이익	36,544,150,125	24,338,709,556	42,014,909,162
법인세비용	9,051,818,234	6,484,499,387	10,959,295,428
당기순이익	27,492,331,891	17,854,210,169	31,055,613,734

영업이익 밑단에서 큰 이슈는 없습니다. 금융부채가 크지 않기 때문에 이자비용이 거의 없어 사실상 영업이익에서 법인세만 빠지면 곧바로 당기순이익이 도출됩니다.

다음은 최근 3년간 현금흐름표입니다. '21년을 제외하면 대체적으로 (+) (−) (−)가 유지되고 있습니다.

(단위: 원)	2023	2022	2021
영업활동현금흐름	49,880,653,034	34,269,863,823	12,060,985,351
투자활동현금흐름	− 32,547,337,628	− 9,883,794,951	− 9,348,868,330
재무활동현금흐름	− 16,265,895,274	− 17,312,491,179	5,734,554,662

(단위: 원)	2023	2022	2021
영창현	56,424,351,038	40,971,386,669	21,790,506,474
영업이익	36,324,121,241	26,967,977,466	42,159,270,501

　　영업에서 창출된 현금흐름과 영업이익도 '21년을 제외하면 현금흐름 지표가 더 큽니다. 불필요한 영업자산 증가로 인한 현금흐름 괴리는 없다는 것을 알 수 있습니다.

　　재무제표를 정리해 보면, 대체적으로 비용구조가 안정적입니다. 고정비보다는 변동비 중심의 구조를 갖고 있어 규모의 경제 여부보다는 판가-원가 스프레드를 통한 마진 확대가 기업의 미래 성장성에 더 중요한 요소입니다. 현금흐름 역시 크게 어긋나는 지점 없이 모범적입니다.

　　하지만 특별히 고성장하는 모습을 보여 주지는 못합니다. 안정적인 재무구조를 메리트로 볼 수 있지만, 반대로 **너무 안정적이라는 것이 문제**일 수 있습니다. 적당히 위험을 감수하면서 성장해 주어야 주식투자자 입장에서는 재미있는 미래를 그려 볼 텐데 말입니다.

[비즈니스모델 분석]

1. 핵심파트너십

디와이 등 최대주주	38.47%
VIP자산운용	7.87%
국민연금	6.93%
기타주주	46.73%

최대주주의 지분율이 38%가 넘습니다. 최대주주가 지배력을 남용할 때 이의를 제기할 수 있는 힘이 개인투자자들에게 주어져 있지 않다는 것은 다소 부정적입니다.

다만, 2024년 들어 VIP자산운용이 꾸준히 지분을 늘리고 있는 것은 대단히 긍정적입니다. VIP자산운용은 최준철 대표를 필두로 하는, 가치투자로 잘 알려진 회사입니다. 이러한 회사가 지분을 늘린다는 것은 **성장성은 더뎌도 가치 차원에서의 매력이 상당**한 것으로 해석할 수 있습니다.

2. 핵심자원

첫 번째, **안정적인 고객관계**입니다. 글로벌 건설장비 회사들이 주요 고객사로, 이들과 상당히 안정적인 납품 계약을 체결하고 있습니다. 매출 하방을 지켜 줄 수 있는 요소로 해석됩니다.

두 번째, **유연한 전략 방향성**입니다. 과거에는 중국향 매출비중이 상당했습니다. 하지만 최근 들어 중국 경기가 고꾸라지며 더 이상 중국에서의 큰 성장을 기대할 수 없게 되자 당사는 인도와 미국을 다음 성장동력으로 타깃합니다. 인도는 GDP 성장률 7~8%를 유지하는 고성장 시장이며, 미국은 '24년 현재 선진국 중 유일하게 가시적인 성장을 보여 주는 시장입니다. 경제상황 변화에 발맞춰 타깃 시장을 조정하는 전략은 당사의 유의미한 성장자원이 될 것입니다.

세 번째, **안정적인 노사관계**입니다. 당사는 노조가 없습니다. 2002년부터 이익공유제를 채택하여 매출액순이익률이 3%를 초과하면 초과분의 35%를 직원들에게 성과급으로 지급하고 있습니다. 임직원에 대한 동기부여를 자연스럽게 제공함과 동시에 노사분쟁 가능성을 최소화한 모습입니다.

3. 핵심활동

당사는 원재료에 가장 많은 비용을 투입합니다. 영업비용의 66% 이상을 원재료에 쓰고 있는데, 원재료 비용의 60%가 철강입니다. **철강 가격의 안정화**가 당사의 원가구조에 현격한 영향을 줍니다.

연 60억 수준의 연구개발비를 지출하고 있으며, 꾸준히 증가하는 추세입니다. 건설장비 부품을 생산하는 회사는 딱히 R&D가 필요하지 않을 것이라는 편견을 깨 주는 좋은 사례입니다.

4. 가치제안

첫째, **인프라 투자가 필요한 지역의 접근성**입니다. 당사는 중국, 인도, 미국에 주요 거점을 두고 움직이며, 고객이 필요할 때 곧바로 부품을 공급할 수 있는 입지를 구축하고 있습니다.

두 번째 가치는 **고품질**과 **고객맞춤화** 역량입니다. 유압실린더는 생각 외로 품질이 매우 중요합니다. 유압실린더에 불량이 생기면 굴삭기당 피해액이 급격히 커집니다. 또한 굴삭기별로 요구하는 실린더 스펙이 모두 다릅니다. 고품질과 더불어 고객맞춤 역량이 없으면 성공할 수 없겠죠.

5. 고객구성

디와이파워는 전형적인 B2B 기업으로 **주요 4개 고객향 매출비중이 90%**에 달합니다. HD현대인프라코어 및 HD현대건설기계향 비중이 약 40%, TEREX 25%, Hitachi 15%, Kobelco 10%입니다.

6. 고객관계

당사의 높은 점유율은 고객의 높은 충성도에 기인합니다. HD현대인프라코어가 주문하는 유압실린더 전량을 당사가 공급하고 있고, HD현대건설기계의 주문량의 30% 정도를 담당합니다. 정확하게는 추산할 수 없으나, 디와이파워는 **국내 1위**, **글로벌 2위** 수준의 점유율을 확보하고 있습니다.

7. 유통채널

한국 본사를 통한 직판 또는 중국/인도/미국 법인을 통한 수출이 모든 매출을 구성합니다. 실질영업주기는 약 90일 정도로, 한국 제조업 평균과 크게 차이 나지 않는 수준입니다.

8. 비용구조

원재료 비용의 비중이 크며, 원재료 중 60%가 철강입니다. 전반적으로 원재료 가격변동에 유압실린더의 판가도 연동되나 고객사와의 협상이 요구되어 마진에 일시적인 괴리가 발생합니다. 다만 이러한 괴리에도 불구하고 장기적으로 **9% 수준의 영업이익률**을 지킬 수 있을 것으로 예상합니다.

9. 매출구조

매출은 지역별/제품별로 나눠 볼 수 있습니다. 지역별로 한국향 30%, 미국 15%, 일본 15%, 중국 15%, 인도 10%, 유럽 10%이며, 해마다 인도향 및 미국향 매출비중이 증가하고 있습니다.

제품별로 당사의 타깃 애플리케이션은 굴삭기입니다. 굴삭기용 실린더가 65%, 고소작업차용 실린더가 15%, 기타 특수용도가 20%를 차지합니다. 일반적으로 굴삭기 한 대당 유압실린더는 6개, 고소작업차 한 대당 4개가 탑재됩니다.

네옴시티나 중국발 대규모 인프라 부양 등 이슈가 있지 않은 한 유압실린더 시장은 고성장하지 않습니다. **'29년까지 연평균 6% 수준의 성장**을 보여 줄 것으로 예상되며, 주요 기업들의 점유율 변화가 크지 않아 당사 또한 장기적으로 산업과 동일한 성장률을 기록할 것으로 예상합니다.

[가치평가]

1. PER

영업이익률은 9% 정도로 유지되며, ROE는 잘 나오는 경우 14%, 평균적으로 11%를 유지합니다. 준수한 수준이지만 고성장한다고 보기는 어려우므로 **10배 정도의 멀티플**을 허용하겠습니다.

'23년도 순이익은 275억, 산업 성장률을 따라간다는 전제하에 '25년도 예상 순이익은 300억 정도입니다. '24년 9월 말 기준 시가총액이 약 1,400억(주가 12,500원)이므로 '23년도 순이익 기준 PER은 약 5.1배, '25년도 예상 순이익 기준 4.6배입니다. 적정 PER을 10배 정도 준다는 관점에서 디와이파워의 주가는 **50% 가까이 저평가되어 있음**을 확인할 수 있습니다.

2. RI

ROE	10.5%	ROE	10.5%	ROE	10.5%
요구수익률	10%	요구수익률	13%	요구수익률	15%
발행주식수	11,041,708	발행주식수	11,041,708	발행주식수	11,041,708

RIM Valuation		RIM Valuation		RIM Valuation	
Current Price	12,350	Current Price	12,350	Current Price	12,350
Target	26,600	Target	19,600	Target	15,900

최근 4년 실적을 기준으로 가중평균 ROE는 10.5%, 최근 ROE 역시 10.5%입니다. 요구수익률 가정에 따라 15,900원(요구15%) ~ 19,600원(요구13%) ~ 26,600원(요구10%)이 도출되는데, 중간 가격 대인 **19,600원**이 적절해 보입니다.

정리하겠습니다. 디와이파워는 매우 안전한 기업입니다. 부채 부담도 없고, 현금흐름 및 실적도 이미 안정적입니다. 하지만 **주식 시장에서 가장 중요한 "성장성"을 찾기는 다소 어려운 기업**입니다. 효과적인 입지 및 품질 향상으로 고객들의 신뢰를 받고 있지만, 고객들 역시 글로벌 건설/인프라 사이클의 영향을 받기 때문에 당사 스스로 신규 수요를 창출하기는 어렵습니다. 하지만 **주가 차원에 서의 매력이 상당**합니다. PER로 보나 RI로 보나 70~100% 가까이 상승을 기대할 수 있는 수준입니다.

저는 기업을 고를 때 둘 중 하나의 경우에 해당하는지 확인합니 다. 좋은 기업이라면 주가가 적정 수준에 있어도 매수를 고려합니다. 혹은 기업이 그저 그런 경우라면 주가가 충분히 매력적일 때 매수를 고려합니다. 디와이파워는 **적당한 기업을 매우 좋은 주가에 매수하는 경우**에 해당합니다.

스무살 케빈쌤은 어떻게 2천만원으로 1억을 만들었을까

공부하듯 주식해서 보화찾기

초판 1쇄 발행 2024년 11월 30일

저 자	허정욱
발행처	예미
발행인	황부현
기 획	박진희
편 집	김정연
디자인	김민정

출판등록　2018년 5월 10일(제2018-000084호)

주소　경기도 고양시 일산서구 강성로 256, B102호
전화　031)917-7279　　**팩스** 031)911-5513
전자우편　yemmibooks@naver.com
홈페이지　www.yemmibooks.com

ISBN 979-11-92907-61-1　03320